KB045731

소심해도 잘나가는 사람들의 비밀

HITOMAE DE KINCHOSHINAI HITO WA
URA DE 'ZURUI KOTO' YATTEITA

Copyright © 2018 Yoshihito Naito
Korean translation rights arranged with DAIWA SHOBO CO., LTD., Tokyo
through Korea Copyright Center, Inc., Seoul

이 책의 한국어판 저작권은 ㈜한국저작권센터를 통한 저작권자와의 독점계약으로
한국어 판권을 ㈜알에이치코리아가 소유합니다.
저작권법에 의하여 한국 내에서 보호를 받는 저작물이므로 무단전재와 복제를 금합니다.

✦ 인생이 술술 풀리는 긴장 제로의 심리학 ✦

소심해도
잘나가는 사람들의
비밀

나이토 요시히토 지음 | 강수연 옮김

RHK
알에이치코리아

◆ ◆ ◆ ◆ ◆

뉴턴도 아인슈타인도 스티븐 스필버그도 소심하고 내성적인 성격이었다고 한다. 그런 사람은 남들보다 자주 긴장하고 걱정하며 스트레스를 받는 경향이 있다. 그래서 쉽게 지치고 일에서도, 인간관계에서도 어려움을 느낀다.

사실 이 세상에 긴장하지 않는 사람은 없다. 정도의 차이는 있겠지만 인간은 모두 '겁쟁이'다. 하지만 긴장하지 않은 것처럼 당당해 보이는 건 누구나 쉽게 할 수 있다. 내성적이지만 인기 있고 소심하지만 인정받는 사람들은 그 방법을 알고 있다.

어쩌면 조금 치사하게 느껴질지도 모른다. 소심하고 내성적인 사람을 위한 무적의 기술들을 알아보자.

소심하고 배짱이 없는 건 일종의 병일까? 아니다. 완전히 '정상'이다.

다른 사람 앞에서 연설을 하거나 좋아하는 이성과 식사할 때, 긴장감으로 좌불안석이 되는 것도 인간의 정상적인 반응이다. 모르는 사람에게 말을 걸 때 긴장하는 것 역시 자연스러운 반응이다. 전화 통화에 익숙지 않은 사람이 누군가에게 전화를 해야 할 때 긴장하게 되는 것도 지극히 당연한 반응이다.

긴장하지 않는 사람은 없다. 인간은 누구나 쉽게 긴장한다. 담담해 보이는 사람은 그저 긴장하지 않은 척하는 것뿐이다. 그건 의외로 꽤 쉬운 일이다.

몇 가지 심리 기술을 활용하면 누구든 긴장과 불안을 크게 줄일 수 있다. 또한 심장이 가슴을 뚫고 나올 듯이 두근거려도 아무렇지 않은 척 연기할 수만 있다면, 실제로는 전혀 문제 될 게 없다.

당당하게 의견을 말할 수 있는 '역전의 발상'

나는 대학에서 학생들을 가르치고 있는데, 강의를 할 때 학생에게 의견을 요구하지 않는다. 어차피 만족할 만한 답을 들을 수 없다는 걸 알고 있기 때문이다. "이것에 대해 어떻게 생각하는지 의견을 말해 보세요."라고 해도 손을 드는 사람은 없다. 누군가를 지명하더라도 대부분 기어들어 가는 목소리로 머뭇거리며 알아듣기 힘든 대답을 한다.

사람들에게 주목받는 상황에서 자기 의견을 당당히 말할 수 있는 학생은 매우 드물다. 하지만 내가 어떤 기술을 쓰는 순간, 놀랍게도 학생들은 자신의 의견을 말하기 시작한다. 막힘없이 자기 의견을 발표하는 것이다. 거의 모든 학생들이 그렇게 변화한다.

기술은 간단하다. 갑작스럽게 의견을 요구하지 않고 2~3분

정도 시간을 주고 자기 생각을 노트에 쓰게 하는 것이다. 이 한 단계를 추가하는 것만으로도 상당히 많은 부분이 달라진다. 노트에 자기 생각을 쓰게 한 뒤 누군가를 지명해 의견을 물으면 확실한 대답이 돌아온다. 학생 입장에서는 작성한 내용을 소리 내어 읽는 것뿐이기 때문에 긴장이 누그러지는 것이다.

스티브 잡스도 통째로 외워서 말했다

긴장은 감정의 작용이다. 따라서 감정이 개입될 여지가 없도록 미리 준비해 놓으면, 누구든 겁먹지 않고 당당하게 의견을 말할 수 있게 된다.

예를 들면 다른 사람들 앞에서 프레젠테이션을 하는 것이 고역인 직장인들이 꽤 있을 것이다. 하지만 프레젠테이션을 잘 못하는 사람도 사전에 공들여 파워포인트 작업을 해 두면 조금도 겁먹을 필요가 없다. 프레젠테이션을 하는 게 아니라 '슬라이드를 소리 내어 읽기'만 하면 되기 때문이다.

청중 한 사람 한 사람과 눈을 맞추며 발표해야 최고의 프레젠테이션이라고 반론하는 사람도 있을 것이다. 하지만 멋지게 하지 않아도 괜찮다. 단조롭게 슬라이드만 읽는다는 말을 듣더라도 주눅 들지 않고 발표할 수 있으면 충분히 합격이다.

프레젠테이션의 모범 사례로 꼽히는 스티브 잡스도 항상 연습을 철저히 반복한 뒤에 프레젠테이션에 임했다고 한다. 그런 의미에서는 잡스 역시 그저 통째로 외운 내용을 입으로 말한 것이라고 할 수 있다. 긴장하지 않으려면 되도록 감정이 개입될 여지를 줄이는 것이 중요하다.

'울렁울렁'이 아니라 '두근두근'

'긴장'과 '흥분'은 생리적으로는 같은 현상이다. 심장이 두근거리고 몸이 떨리며 혈액의 흐름이 빨라진다는 점에서는 동일한 생리 반응인 것이다. 다만 본인이 해석하는 방식이 다를 뿐이다. 따라서 긴장될 때는 가슴이 설레어서 두근거리는 것이라고 스스로를 다독이는 편이 좋다. 긴장이라는 부정적인 감정을 흥분이라는 긍정적인 감정으로 바꾸는 것이다.

소프트뱅크의 손정의 회장은 2013년 미국의 이동통신사 스프린트를 인수했다. 일반적인 경영자라면 '정말 괜찮을까?' '비싸게 산 건 아닐까?' 하고 불안해할 테지만, 손 회장은 이런 생각은 하지 않았다. 불안해하거나 걱정한 것이 아니라 '소프트

뱅크가 세계 제일의 기업이 되기 위해 또 한 걸음 성장할 것'이라고 상상하며 설렜다고 한다.

대담해 보이는 사람이 느끼는 신체적 반응과 평범한 사람이 느끼는 생리 반응에는 차이가 없다. 단지 그 현상에 어떤 의미를 부여하느냐가 다를 뿐이다. 대담한 사람은 심장이 빨리 뛰면 '좋아, 한번 해 보자!'라고 해석하지만, 보통 사람은 '긴장돼, 못 하겠어!'라고 해석한다. 이런 차이만이 존재하는 것이다.

의미는 바꿀 수 있다

보스턴대학교의 마이클 투게이드Michael Tugade는 다른 사람 앞에서 연설을 해야 하는 긴장된 상황에서 배짱 좋은 사람이 어떻게 태연할 수 있는가에 대해 조사했다. 그 결과 배짱 좋은 사람도 불안과 긴장을 느낀다는 사실이 밝혀졌다. 대담한 사람도 지극히 평범한 사람과 마찬가지로 긴장을 한다는 것이다.

긴장하는 것 자체는 어떻게 해도 피할 수 없다. 하지만 긴장 상태는 생리적으로 흥분 상태와 똑같으므로 의미는 얼마든지 바꿀 수 있다. 설레어서 두근거린다고 생각하면 긍정적인 힘이 솟아난다. 가슴이 뛰는 건 결코 나쁜 반응이 아니다. 심장이 두근두근할 때는 '큰 기회가 찾아와서 내가 흥분하고 있구나'라고 생각하자.

'차분하게'는 절대 금물!

하버드 비즈니스 스쿨의 앨리슨 브룩스Alison Brooks는 노래방에서 실험을 실시했다. 100명 이상의 대학생들에게 노래를 부르게한 것이다. 브룩스는 피실험자를 다음과 같은 세 그룹으로 나누었다.

첫 번째 그룹에게는 노래를 부르기 전에 '차분하게'라고 스스로를 다독이게 했고, 두 번째 그룹에게는 '설렌다'라고 자신을 북돋우게 했다. 그리고 세 번째 그룹은 자신과의 대화 없이바로 노래를 부르게 했다.

그러자 다음과 같은 결과가 나왔다.

- '차분하게'라고 스스로를 다독인 그룹　　　59.98점
- '설렌다'라고 자신을 북돋운 그룹　　　80.52점
- 자신과의 대화를 하지 않은 그룹　　　69.27점

이 실험 결과에서 알 수 있듯이 차분하게 해야 한다고 스스로를 다독이려 하면 오히려 좋은 성과가 나오지 않는다. 차분하게 하라는 주문이 역효과를 부르는 셈이다.

그렇다면 어떻게 생각하는 것이 좋을까? 긴장되더라도 자기 암시를 할 때는 '설렌다' '흥분된다'라고 하는 편이 훨씬 효과적이다.

심장이 두근거릴 때 '아, 긴장된다. 침착해야 하는데.'라고 생각해서는 안 된다. 심장이 두근대는 건 설레는 신호라고 자신을 격려하자. 몸이 떨릴 때도 두려워서가 아니라 흥분으로 떨리는 거라고 여기는 것이 좋다.

간단한 심리 기술로 자기주장도 쉽게

이 책에서는 소심하고 내성적인 사람이 긴장을 극복하기 위한 다양한 심리 기술을 소개한다.

예를 들면 하고 싶은 말이 있어도 좀처럼 하지 못하는 사람이 있다. 다음의 기술들은 그런 사람도 쉽게 활용해 볼 수 있는 방법이다.

1. 타임아웃 time-out

주장을 보류하고 그 상황에서 일시적으로 벗어나는 방법

→ "지금 바로 결정할 자신이 없어. 5분 후에 다시 전화해
　　도 될까?"

2. 고장 난 레코드

같은 주장을 여러 번 반복하는 방법

→ "미안해. 이미 여러 번 말했지만, 할 수 없어."

3. 클리핑 clipping

'잘라 내다' '오려 내다'라는 의미. 상대의 진의가 잘 파악되지 않을

때, 상대가 직접적으로 요구하기 전까지 얼버무리는 방법

→ 상사: "아직 보고서가 다 안 된 것 같군."

　　부하 직원: "아, 그렇긴 합니다만……."

4. 상대에게 타임아웃 주기

상대의 화가 잦아들 때까지 시간을 갖도록 요구하는 방법

→ "머리를 좀 식히고 나서 다시 이야기하는 게 좋지 않
　　을까?"

5. 플리핑 flipping

'튕기다' '뒤집다'라는 의미. 상대의 제안에 대해 다른 제안을 꺼내
는 방법

→ "A안도 나쁘지는 않지만, B안으로 승부해 보면 어떨까?"

6. 네거티브 조사 negative inquiry

상대에게 보다 직접적으로 말하도록 요구하는 테크닉

→ "오늘은 별로네."

　"얼굴색이? 아니면 옷이?"

　"음. 셔츠가 너무 커서 어린애처럼 보일 것 같아."

이 기술들은 미국 해밀턴대학교의 에이미 게르바지오 Amy
Gervasio 가 소개한 것이다. 소심하거나 내성적인 성격 탓에 하고
싶은 말을 잘 하지 못하는 사람이라면 모두 참고할 만한 방법
이다. 자기주장이 서툰 사람도 비교적 쉽게 사용해 볼 수 있을
것이다.

이 책에서는 이러한 심리 기술들을 다양하게 소개하려 한다.

성격이 소심해서 매사에 걱정하고 툭하면 긴장해서 어찌해야 할지 모르겠다면 이 책을 꼭 읽어 보기를 바란다. 나는 상당한 양의 수업료를 들여 가며 이를 극복하는 나름의 방법을 터득했지만, 여러분은 그럴 필요가 없다. 이 책 하나만으로 충분하다.

3장 소심해도 인정받는 무적의 업무 기술

1장

대범해 보이는 사람들의 네 가지 비밀

★ 키워드 ★

☑ 행동 리허설

☑ 이미지 트레이닝

☑ 과잉 학습

☑ 자유특성이론

계획대로 행동할 뿐이라고
생각한다

행동 리허설

통째로 외우면 마음이 편해진다

인간은 한 번도 경험해 보지 않은 일을 할 때 긴장한다. 그러므로 같은 경험을 몇 차례 반복하고 나면 별로 긴장하지 않게 된다.

　동일한 상황을 몇 번씩 체험하면 우리가 느끼는 감정은 점점 무뎌진다. 같은 영화를 두 번째로 보면 처음 봤을 때만큼 감동하지 않는다. 귀신의 집도 연이어 두세 번 들어가면 그리 무섭지 않은 법이다.

자신이 쉽게 긴장하는 타입이라고 생각한다면, 이처럼 두려울 만한 상황을 미리 체험해 두는 것이 해결의 지름길이다. 어떻게 행동할지 몇 번 리허설을 해 두면, 과도하게 긴장하는 상황을 막을 수 있다.

"과거에 경험한 일을 반복할 뿐."

이렇게 생각하면 감정의 동요도 사라진다. 심리학에서는 이를 '행동 리허설'이라고 부른다.

위스콘신대학교의 리처드 맥폴 Richard McFall은 소심하고 자기주장을 잘 못하는 마흔두 명의 사람을 모아서 행동 리허설 훈련을 실시했다. 예를 들어 '영화표를 사려고 줄을 섰을 때 새치기하는 사람이 있다'는 구체적인 상황을 설정하고 뭐라고 주의를 주면 좋을지 생각하게 한다. 자기 나름대로 괜찮다고 생각하는 말을 종이에 적게 하고, 통째로 외워서 몇 번이고 소리 내어 말하도록 연습을 시킨다.

맥폴은 열여섯 가지 상황을 설정하여 각각의 상황에서 어떻게 하면 제대로 자기주장을 할 수 있을지 연습할 수 있도록 리허설을 반복하게 했다. 그 결과 훈련을 하기 전에는 하고 싶은 말이 있어도 전체 참가자의 46.16퍼센트밖에 자기 의견을 말하지 못했지만, 행동 리허설 후에는 62.94퍼센트가 말하고 싶은 바를 확실히 주장할 수 있게 되었다.

이 실험처럼 긴장하기 쉬운 상황에서 어떤 말을 해야 할지 생각하는 습관을 들이자. 평소에도 덜 당황하며 자신의 생각을 명확히 표현할 수 있게 될 것이다.

외국인에게 주눅 들지 않는 방법

처음 만난 사람과 대화하는 데 서툰 사람은 어떤 말을 할지 미리 머릿속에 그리며 리허설을 하는 것이 좋다. 가능하면 할 말을 종이에 적어 보자. 그 말을 통째로 외워 두면 처음 만난 사람과도 수월하게 대화할 수 있게 된다. 어쨌든 외운 내용을 말하기만 하면 되기 때문이다.

외국인과 영어로 대화할 때 자꾸 움츠러든다면 아예 할 말을 영어로 작문해 두는 것도 좋다. 그대로 말하기만 하면 되니 긴장하거나 불안해할 필요도 없어진다.

나는 외국인이 길을 물어보면 아무리 잘 알고 있어도 이렇게 답한다. "Sorry, I'm a stranger near here(이 주변 지리는 잘 몰라요, 미안해요)." 그저 외운 대로 대답하고 자리를 뜨기 때문에 전혀 주눅 들지 않는다.

자신이 쉽게 긴장한다고 생각한다면 그렇게 되지 않도록 미리 준비를 해 두는 것이 현명한 방법이다.

예상 밖의 일도 대비하면
예상했던 일이 된다

이미지 트레이닝

프레젠테이션도 연설도 문제없다

자연재해가 발생하면 '예상 밖'이었다고들 한다. 정치가도 전문가도 자주 쓰는 말이다. 백 년에 한 번 일어날까 말까 하는 일이 닥쳤으니 어쩔 수 없다는 것이다. 재해에 관해서는 그럴 수도 있다.

　하지만 일상생활에서는 예상 밖의 일이 그리 많지 않다. 머리를 조금 굴리면 충분히 예상할 수 있는 일들이 대부분이다. 그러므로 리허설을 할 때는 조금이라도 가능성이 있는 상황은 뭐든 리허설을 해 둔다는 자세로 임해야 한다.

프로야구 스카우터인 우에다 다케시의 《최고로 강한 선수, 약한 선수ここ一番に強い選手ビビる選手》에 의하면, 요미우리 자이언츠의 종신 명예 감독인 나가시마 시게오는 현역 시절에 독특한 방식으로 연습을 했다고 한다. 보통은 타격 연습을 할 때 치기 좋은 높이로 날아오는 공을 때리는데, 나가시마는 공을 머리 위로 날아오게 하고 몸을 날려 맞추는 연습을 했다.

왜 그런 연습을 했는가 하면, 상대 투수가 고의사구로 던지는 공까지 치기 위해서였다. 나가시마처럼 강한 선수는 상대 팀에서 승부를 피하기 위해 걸러 낼 때가 있다. 그래서 고의사구를 던지는 경우까지 염두에 두고 연습을 한 것이다. 일반적인 연습뿐만 아니라 예상 밖의 상황까지 대비했으니 호랑이 등에 날개를 단 격이었다. 나가시마가 승부에 강했던 것은 이런 훈련이 뒷받침된 결과였다고 할 수 있다.

- "5분 안에 프레젠테이션을 하라는 말을 들어도 할 수 있게 준비해 두자."

- "갑자기 연설을 대신 하게 될 수도 있으니 대비하자."
- "부장님이 쉴 때 업무를 커버할 수 있도록 준비해 두자."

온갖 상황을 상정하여 리허설을 해 두면 어떤 일이 생겨도 동요하지 않을 수 있다. 어찌 됐든 리허설을 끝내 놓았기 때문이다. 이처럼 충분히 연습하면 무슨 일이 닥쳐도 문제가 없다.

이미지 트레이닝을 습관화한다

만약 리허설을 해 두지 않으면 어떻게 될까. "네? 갑자기 하라고 하면 못하는데……." 하며 패닉에 빠질 것이다.

점심시간 혹은 버스나 전철을 타고 이동할 때, 머릿속에서 여러 상황을 가정하여 대화나 행동을 떠올려 보면 좋다. 그렇게 하면 이미지 트레이닝 효과로 인해 어떤 일이든 무난히 해낼 수 있게 된다.

프랑스의 스포츠 심리학자 M. 브로진Brouziyne은 골프를 이용해 한 가지 실험을 했다. 한 번도 골프를 쳐 본 적이 없는 사람에게 50미터

어프로치 샷을 열세 번 치게 한 뒤 이미지 트레이닝을 하게 했다. 어깨의 힘을 빼고 클럽을 어떻게 휘두르면 좋을지 머릿속에 이미지를 선명하게 떠올리는 것이다.

이미지 트레이닝을 한 후 다시 한 번 어프로치 샷을 하자 피실험자들은 공을 홀 가까이에 붙일 수 있었다. 이미지 트레이닝이 효과를 발휘한 것이다.

이미지 트레이닝에는 특별한 도구가 필요하지 않다. 한가할 때 예상 밖의 상황까지 상정하여 연습을 해 보자. 심심풀이도 되고 실제 상황에도 도움이 되는 일석이조의 방법이다.

다른 사람 앞에서
말하는 연습은 실전처럼

과잉 학습

아나운서가 술술 말할 수 있는 이유

일반적으로 스포츠 선수들은 시합을 앞두고 워밍업을 한다. 갑자기 시합에 나가면 몸이 생각대로 움직이지 않기 때문에 미리 몸을 풀어 줘야 하는 것이다. 하지만 아마추어는 워밍업을 철저히 하지 않는다. 가볍게 컨디션을 조절하는 느낌으로 조금 움직이다가 끝낸다. 아마추어가 운동을 할 때는 대개 그렇지만 이런 방식은 바람직하지 못하다.

워밍업을 한다면 전력을 다해야 한다. 어중간한 워밍업으로는 근육에 긴장감이 전해지지 않아서 오히려 제대로 힘을 발휘할 수 없다. 짧은 시간이라도 한계점까지 움직이지 않으면 근육이 대충대충 하는 움직임을 기억하고 만다.

그래서 프로 선수는 '저렇게까지 하면 시합 때 체력이 부족하지 않을까?' 하고 걱정이 될 정도로 워밍업을 한다. 이것이 프로와 아마추어의 차이다.

라디오나 텔레비전 아나운서는 생방송 전에 큰 소리로 뉴스 원고를 읽으며 워밍업을 한다. 이 과정을 모르는 사람은 방송만 듣고 말을 정말 잘한다고 감탄하겠지만, 사전에 철저히 훈련하기 때문에 생방송에서도 실수하지 않고 잘할 수 있는 것뿐이다.

프레젠테이션의 리허설을 할 때도 마찬가지다. 이왕 한다면 전력을 다해 연습해야 한다. '실제로 하는 게 아니니까 가볍게 해 볼까?' 하는 생각으로 임하는 연습은 전혀 의미가 없다. 눈앞에 청중이 앉아 있는 장면을 떠올리고 큰 소리로 온 힘을 다해 연습하지 않으면 실제 상황에서 혼쭐이 난다. 제대로 준비했다고 생각했는데 프레젠테이션을 망쳤다고 말하는 사람은 리허설이 부족했던 것이다.

어중간하게라도 리허설을 하는 것이 전혀 안 하는 것보다는 낫지만, 일단 한다면 온 힘을 다해 연습해야 한다. 모든 힘을 쏟아 연습하면 잘할 수 있다는 자신감이 생기고 실전에서 위축되지 않는다. 혹독한 훈련이 뒷받침되어야 자신감을 가질 수 있는 것이다.

프로도 죽을힘을 다해 연습한다

세계 3대 테너 중 한 명으로 유명한 루치아노 파바로티는 환갑이 넘어서도 매일 연습의 첫 한 시간은 "아" 소리를 내는 기본 발성만 반복했다고 한다. 이런 철저한 연습이 뒷받침되었기에 실제 공연에서도 아름다운 목소리를 낼 수 있었던 것이다.

피아노 연주를 배울 때 한 곡을 틀리지 않고 쳤다고 해서 그 곡을 바로 그만두지는 않는다. 연주회와 같이 긴장되는 상황을 앞둔 연주자들은 악보를 보지 않고도 완벽하게 연주할 수 있을 때까지 반복해서 연습한다.

이처럼 이제 괜찮을지도 모른다고 생각하면서도 연습을 계속하는 것을 심리학에서는 '과잉 학습 overlearning'이라고 한다. 노던콜로라도 대학교의 진 옴로드 Jean Ormrod도 과잉 학습을 거쳐야만 진정한 연습 효과를 거둘 수 있다고 말했다.

워밍업이든 리허설이든 한다면 철저히 해야 한다. 어중간하게 준비해서는 긴장을 극복할 수 없다.

외향적으로 행동하게 만드는
비장의 한마디

내성적인 사람도 학부모회 임원이 될 수 있다

인간의 성격은 결코 고정되어 있지 않으며 의지에 따라 어느 정도는 자유롭게 바꿀 수 있다. 다시 말해 상황만 갖추어진다면 누구든 무리하지 않고 큰 어려움 없이 외향적으로 행동할 수 있다는 것이다.

일할 때는 외향적이고 쾌활한 사람인 척 연기하지만, 집에서는 조용히 책 읽기를 좋아하는 내성적인 사람도 있다. 그런 사람들은 일을 할 때만 성격을 바꾸는 것이다.

하버드대학교의 브라이언 리틀 Brian Little은 '자유특성이론 free traits theory'을 처음으로 제시했다. 내성적인 사람도 자신의 특성, 즉 성격을 상황에 맞추어 어느 정도는 자유롭게 바꿀 수 있다는 이론이다. 리틀에 따르면 내성적인 남편도 사랑하는 아내를 위해 깜짝 파티를 준비하거나 딸이 다니는 학교의 학부모회 임원이 될 수 있다고 한다. 아내를 위해, 딸을 위해서라고 생각하면 인간은 성격도 바꿀 수 있다는 것이다.

우리는 필요하기만 하면 얼마든지 외향적으로 행동할 수 있다. 외향적으로 행동하고 싶다면 '지금은 외향적인 사람으로 변신하자'라고 생각하면 된다. 잠시만 배우가 되는 것이다. 그렇게 하면 외향적인 사람처럼 행동할 수 있다.

내가 생각하는 외향적인 사람을 머릿속에 떠올리고, 그 인물로 완전히 변신하면 된다. '걔는 목소리가 컸어'라고 생각한다면 나도 그 사람과 비슷하게 큰 소리를 내면 된다. '그 녀석은 아무튼 잘 웃었지'라고 생각한다면 나 역시 그 친구를 흉내 내서 활짝 웃는 얼굴을 보여 주면 된다. 그렇게 하면 쉽게 외향적인 인간을 연기할 수 있다.

잘하는 사람의 말투를 흉내 내자

프레젠테이션이 서툴다면 프레젠테이션의 대가인 스티브 잡스로 변신하겠다는 마음으로 연기해 보는 것도 좋다. 잠시 배우가 되어 프레젠테이션을 하면 어렵게만 느껴지던 상황도 잘 헤쳐 나갈 수 있다. 긴장감은 내 힘으로 해내겠다는 마음에서 생겨난다. 따라서 단지 다른 사람을 흉내 내는 것뿐이라고 생각하면 그리 긴장하지 않게 된다.

나는 다른 사람들 앞에서 밝고 에너지 넘치는 사람을 연기해야겠다는 생각이 들면, 열혈 정신을 강조하는 스포츠 해설가 마쓰오카 슈조를 떠올리며 흉내를 낸다. 그리고 일단 사람들을 웃겨 봐야겠다고 생각할 때는 중노년층의 아이돌이라 불리는 만담가 아야노코지 기미마로로 변신해 그의 말투를 따라 하기도 한다.

결혼식에서 친구 대표로 인사말을 할 때도 신랑의 말버릇을 흉내 내며 이야기하거나, 학창 시절 선생님의 말투를 따라 하면 덜 긴장하고 수월하게 이야기할 수 있다. 내 능력만으로는 힘들겠다 싶을 때는 다른 사람을 흉내 내는 방법으로 돌파해 보자.

2장

내가 쉽게
지치는 이유,
그것이 알고 싶다

★ 키워드 ★

- ☑ 잘못된 확신
- ☑ 스포트라이트 효과
- ☑ 사무적인 태도
- ☑ 피상적인 관계
- ☑ 모 아니면 도
- ☑ 최악 시뮬레이션
- ☑ 징크스
- ☑ 벼락 이론

태어날 때부터
사교적인 사람은 없다

잘못된 확신

모두 마음속으로는 겁을 먹고 있다

우리는 자기 자신만이 특별한 존재라고 착각하곤 한다.

- "나만 겁쟁이야."
- "나만 낯을 가려."
- "나만 소극적으로 생각해."

많은 사람들이 이런 식으로 막연하게 생각한다. 하지만 그건 사실이 아니다. 인간은 대부분 내성적이다. 이러한 사실을 제대로 알고 있으면 '나만 이상한 것 아닌가?' 하는 고민은 하지 않아도 된다.

수전 케인의 저서 《콰이어트》에 따르면, 흔히 명랑하고 사교적이라 여겨지는 미국인도 실제로는 3분의 1에서 절반 정도가 내성적이라고 한다. 다른 사람 앞에서 연설하는 것을 꺼리는 사람도 비슷한 수준으로 많다. 연설이라면 자신에게 맡겨 달라고 자신 있게 말하는 사람이란 거의 없다. 미국인의 절반 정도가 연설에 자신이 없다고 말한다. 다른 사람 앞에서 말을 할 때 불안해하는 건 결코 나 혼자만이 아니다.

모두 나와 같다는 사실을 알고 있는 것만으로도 우리의 마음은 차분해진다. 나만 못하는 게 아니라 누구나 못하는 것이다. 인간은 생각보다 '잘못된 확신'을 아주 많이 한다.

착각을 단번에 없애는 방법

세상에는 나보다 사교적인 사람이 수없이 많고 나보다 당당한 사람이 널려 있다고, 사람들은 멋대로 착각한다. 내가 세상에서 제일 겁쟁이고 소심한 사람이라고 생각한다. 하지만 실제로는 그렇지 않다.

이런 잘못된 확신을 없애고 싶다면 우선 통계나 데이터를 살펴보아야 한다. 그러면 나만 별난 게 아니라는 사실을 깨달을 수 있다.

브리티시컬럼비아대학교의 마크 샬러Mark Schaller는 올바른 사고를 위한 방법으로 통계 공부를 제안했다. 통계를 살펴보고 분석하다 보면 잘못된 확신이나 편견, 신념을 쉽게 깨트릴 수 있다는 것이다. 통계란 어떠한 현상을 한눈에 파악할 수 있도록 일정한 체계를 통해 정리한 것이다. 이처럼 사실에 근거해 수치화한 데이터를 공부하면 어떠한 사고방식이든 객관적으로 비판할 수 있게 된다.

예를 들어 이혼을 경험한 뒤 자신이 형편없는 사람이라는 생각에 사로잡혔다고 해 보자. 하지만 이런 고민은 통계적인 사고를 해 보면 금세 사라진다.

일본 후생노동성이 발표한 2017년 인구 통계를 보면, 그해 이혼한 부부는 21만 2,262쌍이었다. 이 수치는 거의 2분 30초에 한 커플이 이혼했다는 의미이다. 2분 30초가 경과할 때마다 일본 어딘가에서 부부 한 쌍이 이혼한 셈이다. 생각보다 훨씬 많지 않은가. 최근에는 이 정도로 이혼이 흔하다는 사실을 바로 알 수 있다. 통계를 조사하면 이혼이 자신이 생각하는 것보다 큰일이 아니라는 사실을 깨달을 수 있다. 더 이상 별것 아닌 일로 번민하지 않게 된다.

아무도 당신을
보고 있지 않다

말실수를 해도 알아채는 사람은 없다

우리는 주변 사람 모두가 나를 주목하고 있다고 생각한다. 그래서 얼굴에 난 여드름이 보이지 않을까, 옷 입는 센스가 별로라고 생각하진 않을까 등등 많은 것들을 고민한다. 하지만 사람들은 당신을 별로 신경 쓰지 않는다. 신경 쓰는 사람은 오직 자기 자신뿐이다. 남들은 당신이 어떻든 상관없다고 생각한다.

그러니 그렇게 걱정하지 않아도 된다.

　결혼식에서 인사말을 제대로 못했다고 고민할 필요도 없다. 왜냐하면 친구 대표가 하는 인사말 따위는 아무도 듣지 않기 때문이다. 말을 잘못하거나 목소리가 떨리는 데 신경을 쓰는 사람은 본인뿐이다. 식장에 있는 누구도 신경 쓰지 않으니 걱정은 접어 두자.

　우리는 항상 다른 사람들에게 주목받고 있다고 착각한다. 이를 심리학에서는 '스포트라이트 효과'라고 부른다. 내 머리 위로 스포트라이트가 비추어져 있어 두드러져 보인다고 착각하는 것이다. 물론 실제로 그런 것은 없는데도 말이다.

코넬대학교의 토머스 길로비치 Thomas Gilovich 는 학교에서 한 가지 실험을 실시했다. 학생들에게 아무도 모르는 뮤지션의 얼굴이 대문짝만하게 프린트된 티셔츠를 입고 캠퍼스 안을 걸어 다니게 한 것이다. 당연히 피실험자들은 이상한 티셔츠를 입었다는 것을 무척 창피해했다.

길로비치는 정해진 코스를 걸어온 피실험자에게 옆을 지나간 사람 중 몇 퍼센트가 당신을 주목했다고 생각하는지 물었다. 그러자 평균적으로 지나간 사람의 47퍼센트 정도가 자신을 주목했을 것이라고 대답했다. 하지만 반대로 피실험자 옆을 지나친 이들에게 방금 지나간 사람의 티셔츠를 봤느냐고 물어보았더니 실제로는 24퍼센트만이 티셔츠의 프린트를 알아챘다고 답했다.

아무도 헝클어진 머리에는 관심이 없다

아무리 이상한 티셔츠를 입고 있어도 남들은 별로 주목하지 않는다. 신경을 쓰는 사람은 자기 자신뿐이다. 자의식이 지나치게 강한 것이라고 할 수 있다.

- '자고 일어났더니 머리가 이상하게 뻗쳤잖아. 남들이 보고 웃으면 어떡하지.'
- '긴장해서 얼굴이 굳어진 걸 들키지 않을까?'
- '손이 떨리는 걸 알아챈 거 아니야?'

우리는 작은 일이나 세세한 것까지 상대의 주목을 받고 있다고 생각한다. 그래서 끊임없이 벌벌 떨지만 전혀 걱정할 필요가 없다. 아무도 당신에게 크게 관심을 갖고 있지 않으니까.

스포트라이트 효과를 자각하고 남들이 자신을 주목하지 않는다는 사실을 깨달으면 과민하게 걱정할 필요도 없다는 걸 알 수 있다. 신경 쓰지 않는 것이 상책이다. 주위의 눈은 나를 향해 있지 않으니 사소한 일로 지나치게 고민하지 말자.

껄끄러운 사람 앞에서
의사가 되어야 하는 이유

당신은 로봇을 연기할 수 있는가

남들과 어울리기 힘들어하는 사람이 많다. 다른 사람과 몇 시간씩 이야기를 하고 나면 녹초가 되고 마는 것이다. 그건 바로 '감정적 과로' 때문이다. 되도록 상대의 호감을 사고 싶다, 나의 매력을 알리고 싶다, 하는 식으로 생각하기 때문에 더욱 피곤해진다.

인간관계에서 지치지 않는 요령은 되도록 감정을 개입시키지 않는 것이다. 좋거나 나쁘다는 감정을 배제하고 로봇처럼 대응하면 감정적으로 대할 때보다 훨씬 덜 지치게 된다.

의사는 환자를 진찰할 때 감정을 개입시키지 않는다. 환자를 대할 때마다 일일이 '이 사람은 나랑 안 맞는 타입이네' '내가 싫어하는 스타일이야' '이런 미인과 결혼하고 싶다'라고 생각하며 진찰하지는 않는다. 간혹 그런 사람이 있을지도 모르지만. 보통 의사는 각각의 환자가 앓고 있는 병의 원인에 초점을 맞추고 어디까지나 사무적으로 환자를 대한다. 그래서 많은 환자를 진찰할 수 있다.

'반드시 호감을 사야지' '나를 싫어하지 않게 신경 써야 해'라고 생각하기 때문에 다른 사람과 어울리는 것이 더 괴로워진다. 그런 감정을 배제해 버리면 인간관계에서 어려움을 느낄 일도 적어진다.

펜실베이니아주립대학교의 심리학자 얼리샤 그랜디 Alicia Grandey 는 흥미로운 연구를 진행했다. 비서 혹은 식당 종업원으로 일하고 있는 미국인 여성 116명과 프랑스인 여성 99명을 조사하여 나라별로 비교

해 본 것이다.

연구 결과, 해당 직업에 종사 중인 미국인 여성들이 프랑스인 여성에 비해 업무에서 스트레스를 느끼는 경우가 더 많았다. 미국인은 웃는 얼굴로 서비스해야 한다는 의식이 강한 반면 프랑스에서는 개인의 재량에 맡기기 때문에 서비스할 때 반드시 미소를 지어야 한다는 규칙은 없다. 상대적으로 감정적인 부담이 적은 프랑스 여성들이 스트레스를 덜 느끼는 것이다.

감정을 빼면 스트레스가 사라진다

'○○해야 한다', '○○하지 않으면 안 된다'. 이러한 생각을 가지고 있으면 인간관계는 그저 고통에 지나지 않는다. 스스로 엄격한 규칙을 만들지 말고, 어디까지나 감정을 개입시키지 않고 사무적으로 대하는 것이 인간관계를 맺는 요령이다.

　싫어하는 상사를 대할 때는 철저하게 로봇이 되자. 모든 감정을 배제하고 그저 사무적으로 지시를 받아 실행하는 것이다. 로봇은 이런저런 생각으로 고민하지 않는다. 로봇으로 변신하면 어찌됐든 고민은 훨씬 줄어들 것이다.

인간관계는
얄팍해도 좋다

기대치를 한없이 낮춰라

다른 사람과 어울릴 때 긴장하지 않고 대범해지는 또 하나의
요령은 지나친 기대를 하지 않는 것이다. 얄팍한 관계일지라도
일단 알고 지내는 것만으로도 충분하다고 생각하자. 그러면 누
군가를 만날 때도 지나치게 긴장하지 않게 된다.

좋아하는 사람과 데이트할 때를 생각해 보자. '적어도 손은

잡아야지'라든가 '오늘은 진도를 여기까진 나가야지' 하고 기대치를 높이면 극도로 긴장해서 데이트 자체를 즐길 수 없게 된다. 그러므로 '이런 나와 식사를 해 주는 것만으로 행복하지'라고 생각하며 큰 기대를 하지 않으면 상대를 자연스럽게 대할 수 있게 된다.

다른 사람과 어울릴 때도 서로 속내를 터놓을 수 있는 사이가 되기를 기대하기 때문에 괴로워지는 것이라고 할 수 있다. 외형적이고 피상적인 사이여도 괜찮다고 명쾌하게 결론을 내리자. 아무리 얄팍한 만남이라도 상관없고 명함을 교환하는 것만으로도 충분하다고 단순하게 생각하면 누군가를 만날 때 지나치게 긴장하거나 걱정하지 않게 된다.

인간관계는 친밀하고 두텁지 않으면 의미가 없다고 생각하는 사람들도 있다. 끈끈함이 없고 얄팍한 관계는 쓸모없다는 것이다. 하지만 실제로는 얄팍한 관계여도 문제가 없다. 얄팍한 관계에서 얻을 수 있는 만족감도 분명히 존재한다.

캐나다에 있는 브리티시컬럼비아대학교의 길리언 샌드스트롬 Guylian Sandstrom은 대학생 242명에게 물었다. "같은 과 친구들과 얼마나

친밀한 사이인가요?"

설문 결과, 같은 과 학생들 중 64퍼센트와는 피상적인 관계만 맺고 있다는 사실이 드러났다. 여기서 더 분석해 보니 얄팍한 관계라 하더라도 어쨌든 많은 친구를 사귀는 학생이 더 만족감을 느낀다는 사실을 알 수 있었다. 친구가 적은 사람보다 아무리 피상적인 관계여도 많은 사람과 어울리는 사람이 더 행복하다고 느낀다는 것이다.

지극히 제한된 사람과 깊은 관계를 쌓기보다는 얄팍해도 좋으니 많은 사람을 사귀는 것이 어쩌면 더 행복할지도 모른다. 그러니 얄팍한 관계는 충분히 쓸모가 있는 셈이다.

가끔 문자만 하는 사이로도 충분하다

만나서 몇 시간씩 술잔을 기울이지 않아도 된다. 한 달에 한 번 정도 문자로 근황을 묻는 사이여도 충분하다. 가까운 사이가 되려 하면 그만큼 번거롭고 귀찮아진다. 그러니 인간관계를 맺고 유지하는 것에 스트레스를 많이 느끼는 사람이라면, 되도록 얄팍한 관계를 유지하는 것이 중요하다. 이런 생각을 가지면 오히려 인간관계를 맺는 데 소극적인 경향도 사라진다.

깊게 사귀려고 하면 남과 잘 어울릴 수 없다. 어디까지나 가벼운 관계로도 충분하다고 딱 잘라 생각하면 된다. 그러면 다른 사람을 대하는 데 부담이 적어지고, 어깨에 힘을 빼고 자연스럽게 소통할 수 있게 된다. 결국 인간관계에 대한 부담을 벗어던질 수 있어서 쉽사리 지치지 않게 된다.

어리석은 사람은
백 점 만점을 받으려 한다

모 아니면 도

이상적인 상사가 아니어도 괜찮다

매사를 너무 극단적으로 생각하는 버릇이 있다면 반드시 버리자. 세상일은 대부분 흑과 백으로 확실히 나눌 수 없기 때문이다. 사실 이 세상에서 벌어지는 일들은 흑이나 백이 아니라 회색인 경우가 압도적으로 많다.

예를 들자면 승진하자마자 스트레스로 몸이 망가지는 사람이 있다. 이런 사람이 생각하는 '상사'에는 딱 두 가지 부류가 있다. 좋은 상사와 나쁜 상사. 그래서 백 점 만점의 이상적인 상사가 되려고 무리하다가 지치고 마는 것이다. 적당히 좋은 상사로도 충분할 텐데 모 아니면 도라는 식으로 생각하는 사람은 중간을 잘 받아들이지 못한다.

만약 모 아니면 도라는 생각에 빠지기 쉬운 사람이라면 그런 사고방식이 얼마나 어리석은 것인지 자문자답해 보면 된다.

- "이 세상에 좋은 상사가 과연 몇 프로나 될까?"
- "부하 직원들이 싫어하는 상사는 우리 회사에도 얼마든지 있잖아?"
- "모든 부하 직원들에게 신뢰받지 못하면 상사로서 자격이 없는 걸까?"
- "아무리 좋은 상사라도 성격 안 맞는 직원들에게는 미움받기 마련이지 않을까?"

이렇게 자문자답해 보면 모 아니면 도라는 생각이 얼마나 어리석은지 깨달을 수 있고, 보다 유연하게 대응할 수 있게 된다.

이 세상에 반드시 백 점 만점이어야 하는 일은 없다. 자기 자신을 그렇게 엄격한 규칙 안에 가두다 보면 결국 아무것도 하지 못하게 된다. 그러니 50점, 60점으로도 충분하다고 스스로를 다독여 보자.

오스트레일리아 태즈메이니아대학교의 심리학자 테드 톰프슨 Ted Thompson은 연구를 통해 다음과 같은 사실을 밝혀냈다. 비합리적인 믿음이나 잘못된 신념에 계속해서 반론을 던지는 식으로 사고를 전환하면, 합리적이지 않은 신념을 깨뜨릴 수 있다는 것이다.

백 점 만점의 이상적인 상사가 되려고 하는 건 사실 조금 비현실적인 바람일지도 모른다. '정말 백 점짜리 상사여야 해? 90점이면 뭐가 문제야? 90점이어도 괜찮다면 70점도 별로 나쁘지 않잖아? 아니, 60점이어도 충분하지 않아?' 계속해서 반론을 던져 보자. 이런 식으로 비합리적인 신념을 깨뜨려야 한다.

어떻게 하든 비판하는 사람은 꼭 있다

나는 대학에서 학생들을 가르치는데, 예전에는 백 점짜리 선생이 되려고 했다. 구체적으로 말하자면 총 열다섯 번의 강의 중

열두 번째가 되면 수강생들이 강의 만족도를 평가하는데, 나는 그 평가에서 백 점을 너무나도 받고 싶었다.

하지만 아무리 노력해도 학생 50명 중 몇 명은 5단계 평가 중 1이라는 최하점을 주었다. 나는 그것이 신경 쓰여서 무척 괴로웠다. 하지만 어느 날 백 점을 목표로 삼는 게 비현실적이고 시시하다는 생각이 들었고, 그 이후로는 그다지 신경을 쓰지 않게 되었다. 백 점을 지향하면 지쳐 버릴 때가 있다. 때론 적당히 하는 부분이 있어도 괜찮은 것이다.

갑자기 밝은 생각을 하면
역효과가 나는 이유

최악 시뮬레이션

어차피 안 죽는다

두렵다고 생각했던 일도 곰곰이 생각해 보면 사실 별로 두렵지 않다는 걸 깨닫게 될 때가 있다. 최악의 경우를 고려하는 건 괴로운 일이지만, 일단 시뮬레이션을 해 보면 '최악이라고 해도 이 정도라면' 하며 안심할 수 있다.

텔리스 커피 재팬의 창업자인 마쓰다 고타는 텔리스 1호점을 긴자에서도 땅값이 가장 비싼 곳에 오픈하기 위해서 7천만 엔이라는 거금을 빌려야 했다. 당연히 망설이고 또 망설였다. 7천만 엔이면 상당히 큰 금액이다. 그렇다면 그는 어떻게 이 망설임을 떨쳐 버릴 수 있었을까.

마쓰다 고타의 저서 《모든 것은 한 잔의 커피에서 すべては一杯の コーヒーから》에 따르면, 그는 최악의 경우를 시뮬레이션 해 보았다고 한다. 만약 장사가 잘 안된다면 시급이 850엔인 편의점 아르바이트를 하루 열다섯 시간씩 하고 일주일에 하루만 쉬면 월수입이 33~34만 엔. 여기에 아내의 수입을 더하면 한 달에 40만 엔 정도를 갚을 수 있다. 실패했다고 해서 죽는 건 아니다. 그러니 지금은 나 자신의 힘을 믿고 도전해야 한다. 그는 이렇게 사고를 전환하여 '빚이 7천만 엔 생겨도 이 정도라면 괜찮아' 하며 안심했다고 한다. 최악의 경우를 생각함으로써 아무리 나빠도 어느 정도에서 그칠 것이라는 사실을 확실히 알게 되고, 망설임에서 벗어날 수 있었던 것이다.

그렇다면 우리가 지금 두려워하고 있는 일이 최악으로 치닫는다면 어떻게 될까?

• "최악의 경우 친구 한 명을 잃는 것뿐이겠지."

- "최악의 경우 웃음거리 한 번 되고 말지."
- "최악의 경우 고객 한 명 잃는 것뿐이야."

이 정도가 아닐까. 목숨을 잃는 것도 아니고 빚을 수십억 지게 되는 것도 아니다. 살고 있는 집이 없어지는 것도 아니고, 먹을 게 없어서 곤란한 것도 아니다. 즉 '최악이라 해도 이 정도'쯤인 수준일 것이다.

최악의 경우를 종이에 쓴다

우리는 쉽게 의기소침해지는 사람에게 밝은 생각을 하라고 충고하곤 한다. 그러나 심리학적으로는 이것이 역효과를 가져온다. 억지로 밝은 생각을 하는 것보다는 오히려 최악의 경우를 생각하는 것이 좋다. 최악이라 해도 별것 아니라는 사실을 알게 되면 안심할 수 있는 것이다.

캘리포니아주립대학교의 소냐 류보머스키 Sonja Lyubomirsky는 최악의 일을 생각하는 것이 긍정적인 효과를 불러온다는 사실을 실험을 통해 증명했다. 그녀는 피실험자들에게 사흘간 매일 15분씩 '인생에서 일어난 최악의 일'을 주제로 일기를 쓰게 했다. 그러자 신기하게도 피실험자 전원이 실험 후 마음이 후련해졌다고 답했다. 최악의 일을 떠올리는 것이 기분을 나쁘게 한 것이 아니라, 오히려 긍정적인 마음을 가져다준 것이다.

최악의 경우를 생각하는 건 결코 나쁜 일이 아니다. 때론 오히려 기분이 상쾌해질 수 있다는 사실을 기억해 두자.

잘나갈 때일수록
냉정하게 분석한다

징크스

만약의 실패에 대비하는 방법

슬럼프에서 빨리 벗어나는 데도 요령이 있다. 그것은 컨디션이
좋을 때 내가 어떠한지를 체크해 두는 것이다. 대개 일이 잘 풀
리고 컨디션이 좋을 때는 자기 자신을 잘 되돌아보지 않게 되
는데, 그럴 때일수록 셀프 체크가 필요하다.

계약을 척척 따내는 영업 사원은 지금 당장은 두려울 게 없으니 아무것도 생각하지 않게 되기 쉽다. 그러다 어느 날 계약이 뚝 끊겨 버리면 그제야 '왜 이러지?' 하며 의아해한다. '왜?'라는 질문은 일이 잘 풀릴 때 해야 한다.

사람은 슬럼프에 빠지면 대부분 무언가 새로운 것을 시도하려 한다. 하지만 손에 익지 않은 일이니 당연히 수월하게 될 리가 없다. 그러다 보니 점점 패닉 상태가 되고 또다시 슬럼프에 빠져 버린다. 완전히 악순환이다.

일이 잘 안 풀릴 때는 컨디션이 좋았을 때의 모습을 떠올리고, 그때 했던 행동을 취하면 좋다.

- "컨디션이 좋을 때는 밤을 많이 새지 않았지."
- "아침밥을 잘 챙겨 먹었구나."
- "평소보다 많이 걸었네."

이런 식으로 컨디션이 좋았을 때와 똑같이 행동해 보면 슬럼프에서 비교적 빨리 탈출할 수 있다. 컨디션이 좋았을 때 했던 행동을 다시 하는 사이에 비슷한 상태가 되는 것이다. 잘나갈 때 했던 대로 행동해 보면 그것 자체가 나를 분발하게 하는 징크스가 된다. 이렇게 하면 괜찮을 거라는 자기 암시가 효과를 발휘해 나쁜 상태에서 벗어날 수 있다.

일류 선수도 자기 암시를 한다

사람들은 대개 일이 잘 풀릴 때는 왜 이렇게 운이 좋은지를 되돌아보지 않는다. 하지만 그럴 때일수록 반드시 자기 행동을 체크해 두어야 한다. 만사가 순조로울 때 하던 행동을 그대로 '징크스 행동'으로 삼으면 슬럼프에 빠졌을 때도 그 징크스로 극복할 수 있다.

네덜란드 에라스무스대학교의 미카엘라 스히퍼르스 Michaela Schippers 는 운동선수들의 징크스 행동에 대해 조사했다. 축구, 배구, 하키 등 다양한 종목에서 활약하고 있는 일류 선수들이 징크스에 어느 정도 의존하고 있는지 조사한 것이다. 그 결과 무려 80.3퍼센트가 징크스를 갖고 있었다. 게다가 선수들이 갖고 있는 징크스는 하나가 아니라 평균 2.6개였다.

일류 선수도 항상 컨디션이 좋지는 않다. 상태가 안 좋을 때는 얼마든지 있다. 일류 선수들은 그러한 상황을 극복하기 위해 나름의 징크스를 가지고 있는 것이라고도 생각할 수 있다. 어떤 행동이든 좋으니 좋은 성과를 얻었을 때 내가 했던 행동을 기억해 두자. 그렇게 하면 슬럼프에 빠졌을 때도 비교적 빨리 탈출할 수 있을 것이다.

분발해야 할 땐
죽음을 생각한다

벼락 이론

아깝다는 생각

앞으로 시간이 얼마든지 있다고 생각하면 쉽게 의욕이 나지 않는다. 언제 시작해도 괜찮다고 여기기 때문이다. 하지만 만약 한 달 후에 죽게 된다면? 그런 상황에 처하면 그리 안이하게 있을 수 없다. 남은 시간을 의미 있게 쓰기 위해 되도록 많은 일을 하려고 할 것이다. 그러면 1분 1초도 아깝다고 생각하면서 행동할 수 있다.

미국의 시간 관리 전문가 앨런 라킨Alan Lakein은 저서《시간을 지배하는 절대법칙》에서 '벼락 이론'을 소개했다. 이론이라는 말이 붙어 있지만 매우 간단한 논리인데, 한 달 뒤에 벼락을 맞아 죽는다는 전제로 오늘을 보내라는 것이다. 한 달 뒤에 죽는다는 것을 전제로 행동하면 인간은 시간을 허투루 쓰지 않게 된다.

한 달 뒤면 죽을 거라고 생각하면 더 이상 느긋하게 있을 수 없게 된다. 쓸데없는 짓도 하지 않게 되고 내가 정말 하고 싶다고 생각한 일, 즉 인생에서 우선순위가 높은 일부터 시작하게 된다.

이 테크닉을 꼭 이용해 보자. 한 달이라는 시간이 많다 싶으면 일주일 뒤 혹은 오늘 죽는다는 전제로 움직여 보아도 좋다. 만약 오늘 밤 열두 시에 죽는다면, 나는 뭘 하고 싶을까?

긴장감으로 나를 움직인다

시간이 얼마든지 있다고 생각하면 아무것도 하고 싶지 않아지기 마련이다. 인간의 마음은 기본적으로 느긋하기 때문이다. 그러므로 자신을 재촉하기 위해서라도 시간적으로 압박을 가해 의욕을 끌어내는 것이 좋다.

행동경제학 분야의 권위자인 댄 애리얼리 Dan Ariely는 100여 명의 학생을 대상으로 14주 이내에 논문 세 편을 완성하라는 과제를 냈다. 그러고는 학생들이 마감일을 어떻게 설정하는지 조사했더니 40퍼센트 이상의 학생이 마감일을 마지막 주인 14주째로 정했음을 알 수 있었다. 좀 더 일찍 끝낼 수 있도록 계획을 세운 학생은 거의 없었다. 또한 첫 주부터 곧바로 과제를 시작하는 학생은 2.5퍼센트에 불과했다. 댄 애리얼리는 이러한 조사 결과를 보고 인간은 어지간히 시간에 쫓기지 않으면 행동에 돌입하지 않는다고 지적했다.

인간이라는 존재는 이 정도로 태평하다. 그러므로 한 달 뒤에 죽는다는 전제로 움직이는 방법은 스스로에게 긴장감을 불어넣을 수 있어 효과적이라 할 수 있다.

3장
—

소심해도
인정받는
무적의 업무 기술

★ 키워드 ★

- ☑ 작업 요법
- ☑ 기진맥진
- ☑ 정신 역설 효과
- ☑ 대인 거리
- ☑ 안면 피드백 효과
- ☑ 리액턴스
- ☑ 돌발 상황
- ☑ 명품 효과
- ☑ 모델링 효과
- ☑ 부자 효과
- ☑ 아로마 효과
- ☑ 동물 매개 치료

무의미한 일에
미친 듯이 몰두한다

작업 요법

일단 몸을 움직여라

운동선수는 슬럼프에 빠지면 어떻게 할까? 축구든 배구든 수영
이든 종목과 상관없이 일단 무작정 달려서 극복하는 경우가 많
다고 한다. 아침부터 밤까지 어쨌든 계속 달리는 것이다. 무얼
어찌하면 좋을지 알 수 없을 때는 뭐든 좋으니 일단 해 보는 것

이다. 삽으로 땅에 구멍을 파며 땀을 흘려도 좋고, 반야심경을 필사해도 좋다.

'그런 의미 없는 걸 해 봤자……'라고 생각할지도 모르지만 결코 무의미하지 않다. 무엇을 하든 일단 몸을 움직이면 마음이 차분해지는 효과를 얻을 수 있다.

전쟁이 벌어졌던 시대의 기록을 보면 방공호 안에 몸을 숨기고 있던 사람들의 이야기가 있다. 전쟁의 위험을 피해 가만히 숨죽이고 있을 때는 불안감에 짓눌릴 것 같았지만, 모두 함께 양동이 릴레이를 하며 몸을 움직일 때면 쓸데없는 걱정이 사라졌다고 적혀 있다.

최근 세계적으로 자연재해가 많이 발생하고 있다. 재해를 당한 피해 지역의 주민들도 잡동사니를 정리하고 음식을 만들거나 자원봉사를 하면서 몸을 움직이면 조금이나마 시름을 잊을 수 있다고 말한다.

아무것도 하지 않으면 인간은 엉뚱한 생각을 하게 된다. 불안감에 질식할 듯한 기분이 드는 것이다. 하지만 몸을 움직이면 쓸데없는 생각을 하지 않게 되고, 결과적으로 불안한 마음을 말끔히 떨쳐 낼 수 있다.

캐나다에 있는 브리티시컬럼비아대학교의 애덤 디 파울라 Adam Di Paula는 평소에 별로 침울해하지 않는 사람들의 공통점을 밝혀냈다. 그들은 불안한 마음을 행동으로 해결하는 경향이 있다는 것이다. 반대로 말하면 울적한 일이 있다고 해서 가만히 웅크리고 있으면 더 의기소침해진다고 할 수 있다.

이런 일을 해 봤자 해결될 리 없다는 생각에 아무 행동도 하지 않으면 불안감은 더 심해진다. 그보다는 설령 무의미해 보이는 일이라도 뭔가를 계속하는 편이 좋다. 그러다 보면 마음도 점점 회복될 것이다.

농사일이 마음을 달래 주는 이유

심리 상담의 한 종류로 '작업 요법'이라는 치료법이 있다. 마음에 고민을 안고 있는 사람에게 공예품을 만들게 하거나 농사를 짓게 하는 치료법인데, 이 방법은 신기할 정도로 효과적이다. 마음을 달래는 데 농사일이 무슨 관계가 있나 싶겠지만, 아무것도 생각하지 않고 밭을 경작하며 한 가지 일에 몰두하다 보면 어느새 마음의 병도 낫는다.

자신이 정신적으로 나약하다고 느끼는 사람은 평소에 몸을 덜 쓰고 있는 것이라고 할 수 있다. 무엇을 해도 좋으니 아침부터 밤까지 몸을 움직이면 마음속에 불안감이 파고들 여지가 없어진다. 아무 생각도 하지 말고 일단 몸을 움직이자. 진이 빠질 때까지 뭔가를 하다 보면 불안한 마음도 생기지 않을 것이다.

녹초가 되면
긴장할 여유도 없어진다

기진맥진

피곤하면 사소한 일로 걱정하지 않는다

우리의 몸과 마음은 밀접하게 연결되어 있다. 마음이 들뜨면 몸도 가볍게 느껴지는 것은 그 때문이다. 앞서 겁이 많고 소심한 사람은 되도록 감정을 개입시키지 않는 것이 좋다고 이야기했다. 여기에 한 가지 덧붙이자면 쉽게 긴장하는 사람은 일단 무작정 몸을 움직여서 체력을 소진시키는 것이 좋다. 어째서

일까? 인간은 체력이 바닥나면 정신력과 감정도 함께 고갈된다. 즉 아무것도 생각할 수 없고 느낄 수 없는 상태에 이르는 것이다.

소심한 사람은 머릿속에서 이런저런 생각을 지나치게 많이 하기 때문에 불안감이 점점 심해진다. 하지만 체력을 다 써서 진이 빠지면 그런 쓸데없는 생각은 전혀 할 수 없다. 즉 감정적으로 동요하지 않으며, 긴장감이나 불안감을 느끼지도 못하는 것이다.

미국 오하이오주에 있는 케이스웨스턴리저브대학교의 심리학자 마크 무레이븐Mark Muraven은 체력과 정신력의 관계를 증명하는 실험을 실시했다. 피실험자들이 한계에 다다를 때까지 악력기를 쥐게 하여 체력을 소모시키는 것이다. 그 결과 체력이 떨어짐과 함께 피실험자들의 정신력도 함께 마모된다는 사실이 확인되었다. 체력이 '0'이 되면 정신력도 '0'이 되는 것이다.

체력이 떨어지면 인간은 쓸데없는 생각을 하지 않게 된다. 그러므로 자신이 소심하다고 생각하는 사람은 평소에 몸을 많이 움직이는 습관을 들이는 편이 좋다. 그렇게 하면 두려운 감정도 덜 느낄 수 있다.

피로는 치한마저 물리친다

내가 아는 한 여성의 이야기다. 홀로 밤길을 걸어 집에 돌아가고 있는데, 갑자기 한 남자가 나타나 코트를 펼치고 알몸을 내보였다. 보통이라면 너무 무서워서 옴짝달싹할 수 없는 상황이었다. 하지만 업무가 많아 기진맥진한 상태였던 그녀는 무뚝뚝한 목소리로 "힘들어 죽겠으니까 놀라게 하지 마!"라고 소리쳤다. 그랬더니 알몸의 남자가 "죄송합니다." 하고 머리 숙여 사과하더니 사라졌다. 그녀는 나중에 생각해 보니 너무 무서운 상황이었다고 말하며 웃었다. 인간은 체력이 바닥나면 동요조차 하지 않는 법이다.

쓸데없는 생각을 하느라 머릿속이 복잡해지기 쉬운 사람이라면 일단 무작정 몸을 움직여 보는 것도 좋은 방법이다. 지칠때까지 달리거나 수영을 하면서 체력을 고갈시키는 것이다. 체력이 바닥나서 기진맥진한 상태가 되면 엉뚱한 생각을 할 여력이 없어지므로, 자신에게 꼭 필요한 생각만 집중적으로 하게 된다.

짧은 단식은
멘탈을 강화한다

정신 역설 효과

공복의 장점

쉽게 긴장하는 사람은 짧게 단식을 해 보는 것도 좋다. 예를 들어 중요한 거래를 앞두고 긴장을 억누를 수 없다면 전날 저녁부터 아무것도 먹지 않는 것이다. 혹은 아침과 점심 식사를 거른다. 되도록 음료수도 마시지 않는 편이 좋다. 말 그대로 짧게 단식을 하는 것이다.

목이 마르고 배가 고프면 인간은 먹을 것만 생각하게 된다. 당연히 걱정도 어딘가로 사라진다. '상대를 잘 설득할 수 있을까?' '좋은 인상을 줄 수 있을까?' 같은 고상한 생각도 할 수 없게 된다. 그저 뭔가 마시거나 먹고 싶다는 생각만이 머리에 가득 찬다.

이성적인 판단력이나 사고능력은 생존 본능을 이기지 못한다. 배가 고프면 인간의 생존 본능은 살아남기 위해 필요한 것, 즉 먹는 것만 생각하게 한다. 그 외의 불필요한 것은 생각하지 않게 된다.

건강에 나쁜 방법이라고 생각할 수도 있지만, 사소한 일로 크게 걱정하는 사람에게는 고민에서 잠시 해방되는 것이 훨씬 반가울 때도 있을 것이다. 몇 시간 혹은 며칠씩 번민할 때와 비교하면 허기진 상태가 정신적으로는 훨씬 편안하게 느껴질 수 있다.

게다가 하루 이틀쯤 식사를 안 해도 인간은 죽지 않으며 건강에도 해롭지 않다. 오히려 짧은 단식은 건강에 긍정적인 영향을 준다. 절에서 하는 단식 체험에 참가했다고, 혹은 건강을 되찾기 위해 병원에서 식사를 제한하고 있다고 생각하면 된다.

걱정하지 말라는 말은 역효과를 부른다

인간은 배가 부르면 아무래도 쓸데없는 생각을 하고 만다. '생활에 여유가 있어야 예절을 안다'라는 말이 있다. 의식주 걱정을 하지 않아야 비로소 인간으로서 필요한 예절을 갖추게 된다는 의미다. 이 원리를 거꾸로 적용하면, 일단 배를 허기지게 하면 다른 걱정은 하지 않게 된다는 말이 된다.

자기계발서에는 어찌 되든 상관없는 일을 걱정해 봤자 소용이 없다고 쓰여 있는 경우가 많은데, 아무리 걱정하지 말라고 해도 곧바로 실행에 옮기지는 못한다. 오히려 걱정하지 말라고 하면 반대로 더 걱정하게 되는 결과를 빚기도 한다.

세계에서 손꼽히는 사회심리학자인 하버드대학교의 대니얼 웨그너Daniel Wegner는 '흰곰 효과'로도 널리 알려져 있다. 이것은 한 인지 실험에서 비롯되었다. 피실험자들에게 5분간 흰곰을 생각하지 말라고 말하고 흰곰을 떠올린 사람에게는 종을 울리게 했는데, 모두가 흰곰을 떠올릴 수밖에 없었다. 웨그너는 이를 '정신 역설 효과'라고 불렀다. 대학생을 대상으로 한 또 다른 실험에서는 편하게 쉬라는 말을 들은 피실험자들이 오히려 편히 있지 못한다는 사실을 확인했다.

걱정하지 말라는 말을 들어도 우리는 걱정하게 되어 있다. 그런 점에서는 단식처럼 아예 다른 생각을 하게 만드는 것이 현실적으로 효과적인 방법이라고 할 수 있다.

듣기 싫은 말에서
1밀리미터씩 도망간다

대인 거리

의식을 다른 곳에 둔다

상사나 고객이 화를 낼 때 심리적으로 지나치게 위축되는 사람
이 있다. 그럴 때 위축되지 않으려면 어떻게 해야 할까? 방법은
상대의 말을 적당히 흘려들으며 "네, 네." 하고 맞장구를 치되
타이밍을 재며 1밀리미터씩 후퇴하는 것이다.

 이 방법은 정신의학 전문의인 와다 히데키가 《감정 트레이

닝感情トレーニング》이라는 책에서 소개한 기술이다. 상대에게 들키지 않도록 1밀리미터씩 물러나는 데 주의를 기울이다 보면, 상대의 질책이 머릿속에 잘 들어오지 않아서 결과적으로 크게 풀죽지 않게 된다는 것이다. '자, 오늘은 몇 센티미터까지 도망칠 수 있을까?' 하고 게임처럼 생각해 볼 수도 있다.

질책을 곧이곧대로 받아들일 필요는 없다. 어차피 인간은 스스로 반성하지 않으면 잘못을 개선하지 못한다. 남에게 아무리 꾸지람을 들어도 화만 날 뿐 나아지지 않는다. 그러니 의식을 다른 데로 향하고 그 상황을 적당히 넘기면 된다.

1밀리미터씩 도망가는 작전이 유효한 이유는 상대와의 거리, 전문적으로 말하면 '대인 거리'가 멀어질수록 스트레스를 덜 느낀다는 점에 있다. 우리는 상대와의 거리가 가까울수록 심리적으로 압박감을 느낀다. 따라서 상대와의 거리가 멀어지면 스트레스를 덜 받게 된다는 것이다.

상사와 가까운 거리에서 질책을 받으면 그만큼 정신적으로 지쳐 버리게 된다. 그러니 상대가 눈치 채지 못하도록 슬며시 1밀리미터씩 멀어지며 정신적인 부담을 조금이라도 덜어 내자.

미국 오하이오주 머스킹엄대학교의 데이비드 스킨 David Skeen은 대인 거리에 관한 실험을 실시했다. 상대와의 거리에 따른 심리적 부담감을 측정해 보고자 한 것이다. 실험 결과에 따르면 상대와 손이 닿을 정도로 가까운 거리에 있을 때보다 90센티미터 정도 거리를 두는 편이 부담을 덜 느낀다고 한다. 이는 대인 거리가 인간의 심리에 영향을 준다는 사실을 보여 준다.

분노는 적당히 받아넘긴다

질책을 받을 때 1밀리미터씩 달아나는 것을 불성실하다고 여기는 사람도 있을 것이다. 고맙게도 상사가 부하 직원을 지도해 주는 것인데 혼나는 쪽도 진지하게 받아들여야 한다고 생각하는 사람도 있다.

하지만 상사는 대부분 감정적으로 호통을 칠 뿐이다. 건설적인 의견을 제시하는 경우는 매우 드물다. 구체적인 충고도 없이 그저 자신의 분노를 폭발시키기 위해 호통을 치는 경우가 훨씬 많지 않을까.

그런 질책까지 진지하게 들을 필요는 없다. 적당히 흘려들으면 혼나는 데도 의연해질 수 있고 깜짝깜짝 놀라지도 않게 된

다. 물론 반성은 중요하지만 어디까지나 자발적으로 하는 것이
바람직하다.

괴로울 때도
웃는 얼굴로 뇌를 속인다

안면 피드백 효과

괴로울 때일수록 오기로 참는다

메이저리그에서 뛰는 선수는 다리를 다쳐도 아파하거나 요란하게 테이핑을 하지 않는다. 아무렇지 않은 듯이 연습에 참가하고 시합에도 나간다. 왜냐하면 다리를 조금 문지르기만 해도 감독이나 코치가 "다리 아파? 그럼 넌 필요 없어." 하며 주전에서 제외시킨다는 사실을 알고 있기 때문이다. 그래서 메이저

리그 선수는 뒤늦게 부상자 명단에 오르는 일이 허다하다고 한다.

이런 자세에서 우리도 배울 만한 점이 있다. 스트레스를 받았을 때 과연 그 감정을 그대로 얼굴에 드러내는 것이 좋을까? 한 심리학 이론에 따르면 아무리 스트레스를 받아도 두려워하는 표정은 보이지 않는 편이 좋으며, 아무리 괴로워도 태연한 얼굴로 끝까지 참아 내는 것이 중요하다.

미소가 쾌락 물질을 만든다

얼굴을 찡그리지 않고 태연한 표정을 지으면 괴로움도 잊을 수 있다. 반대로 과장스럽게 엄살을 부리면 고통은 더욱 심해진다. 인간의 마음은 그 사람이 짓고 있는 표정의 영향을 받는다. 슬픈 얼굴을 하고 있으면 처음에는 슬프지 않더라도 점점 슬픈 기분이 든다. 재미있는 일이 없어도 싱글벙글 미소를 지으면 설령 거짓 웃음일지라도 왠지 모르게 기분이 좋아진다.

심리학에는 '안면 피드백 효과'라는 것이 있다. 인간의 뇌는 표정에 대한 정보를 받아서 거기에 맞는 감정을 끌어낸다는 것이다. 웃는 얼굴을 만들고 생긋 미소를 지으면 우리의 뇌는 '아,

즐거운 일이 있구나'라는 지령을 받는다. 다시 말해 얼굴 정보가 피드백 된다. 그래서 즐거움을 느끼게 하는 쾌락 물질을 자꾸 분비시킨다. 그 결과 정말로 즐거워지는 것이다.

독일 만하임대학교의 프리츠 슈트라크 Fritz Strack는 표정이 감정에 어떠한 영향을 미치는지 실험을 통해 확인했다. 학생들에게 웃는 표정을 짓게 하면 실제로도 즐거운 기분을 느끼고, 불쾌한 표정을 짓게 하면 짜증을 낸다는 사실을 알 수 있었던 것이다. 그 정도로 인간의 감정은 표정으로부터 생각보다 훨씬 많은 영향을 받는다.

'어떡하지? 어떡하지?' 하며 겁먹은 표정을 지으면 두려움은 점점 더 심해진다. 겁먹은 얼굴을 하면 인간의 뇌는 빨리 도망가라는 지령을 내려서 몸을 떨게 하거나 심장을 더 빨리 뛰게 만든다.

하지만 아무리 두려워도 시치미를 떼고 오기로 참으면 우리의 뇌는 '표정이 변하지 않는 걸 보니 별것 아닌가 보다'라고 판단하고 두려움을 끌어내지 않는다. 그러는 동안 공포심도 점차 사라진다.

아무리 괴로워도 감정을 얼굴에 드러내지 말려고 노력해 보

자. 괴로운 표정을 짓게 될 것 같으면 '스마일!' 하고 스스로에
게 되뇌어 보자. 괴로움에는 웃는 얼굴로 극복할 수 있는 부분
이 분명히 존재한다.

의욕이 없다고
과감하게 선언한다

쉽게 나를 움직이는 기술

인간의 의욕은 무한대가 아니다. 24시간, 365일 계속 분발할 수 있는 사람은 없다. 의욕은 무언가를 하고 있는 사이에 점점 사라져 간다. 당연한 이치다. 의욕은 에너지이기 때문에 사용하면 소모된다.

　의욕이 생기지 않는다는 것은 몸과 마음에 충전이 필요하다는 신호다. 그러니 억지로 의욕을 내려 하지 말자. 무리해서 의욕을 내려 해도 의욕은 생기지 않는다. 의욕이 없는 이유는 몸이 브레이크를 걸고 있기 때문이다. 이럴 때는 액셀을 밟으려 해서는 안 된다.

"난 이제 의욕이 없어."

이렇게 결론지으면 마음이 후련해진다. 그런데 의욕을 내지 않아도 된다는 말을 들으면 오히려 의욕이 생기고 만다. 이 점이 인간 심리의 재미있는 부분인데, 의욕을 내지 말라고 하면 점점 의욕이 생기니 정말 신기할 따름이다.

936연승이라는 대기록을 세운 루 테즈라는 프로레슬러가 있다. 그에게 한 신인 프로레슬러가 상담을 부탁했다. 훈련하기가 너무 싫어서 어찌해야 할지 모르겠다는 내용이었다. 테즈는 그 신인에게 스쿼트를 스무 번만 하고 가라고 충고했다. 참고로 프로레슬러라면 스쿼트는 천 번이 기본이다. 신인이 눈을 동그랗게 뜨며 놀라자 테즈는 이렇게 말했다.

"내일은 팔굽혀펴기 스무 번만 하면 돼. 절대 그 이상은 하지 마. 그리고 모레는 벤치프레스를 가장 가벼운 50킬로그램으로

세 번 하고 집에 가."

신인은 그 정도면 할 만하겠다는 생각에 가벼운 마음으로 훈련을 시작했다. 그런데 일단 시작하고 보니 조금만 더 해 보고 싶다는 마음이 생겼고, 정신을 차리고 보니 여섯 시간이나 훈련을 한 뒤였다고 한다.

의욕 따위 내지 않을 거야!

하기 싫을 때는 안 해도 된다. 그런데 안 해도 된다는 말을 들으면 인간은 하고 싶다는 생각이 든다. 청개구리인 셈이다. 이와 마찬가지로 의욕을 내지 말라고 하면 오히려 할 마음이 들기도 한다. 이런 현상을 '리액턴스reactance'라고 부른다. 리액턴스는 '반발'을 의미하는 심리학 용어다.

일리노이대학교의 브라이언 퀵Brian Quick은 이러한 리액턴스 효과에 관한 얄궂은 실험 결과를 발표했다. 그가 실시한 실험에 따르면 콘돔을 사용하라는 공익광고를 본 사람은 오히려 콘돔을 사용하고 싶어 하지 않았다고 한다.

의욕이 생기지 않을 때는 '그래, 의욕 따위 내지 않을 거야!'라고 생각하면 된다. 억지로 하려고 하지 않아도 된다. 그러면 리액턴스가 작용하여 저절로 의욕이 생길 것이다.

빈 일정이
마음의 여유를 낳는다

돌발 상황

빡빡한 일정이 나를 옭아맨다

우리는 기대나 예측이 맞지 않으면 동요하게 된다.

- '어? 이러면 안 되는데……'
- '세상에, 그런 결과가 나올 줄이야.'
- '이제 어떻게 해야 하는 거지?'

이런 생각이 들면 당황하고 망연자실하게 된다. 따라서 어떤 상황에서도 허둥대지 않고 침착한 태도를 유지하려면 미리 최악의 경우까지 상정해 놓는 것이 좋다. 나쁜 결과를 사전에 계산해 두면 이럴 줄 알았다며 결과를 가볍게 받아들일 수 있기 때문이다.

나는 업무 일정을 짤 때 절대로 일정을 빡빡하게 잡지 않는다. 한 달에 며칠 정도는 일부러 아무것도 없이 비워 둔다. 일을 진행하다 보면 돌발 상황이 꽤 자주 발생하기 때문이다. 누구든 그런 경험을 해 본 적이 있을 것이다. 예상치 못한 사태는 생각보다 자주 발생한다.

그럴 때 일정에 여유가 있으면 심리적으로도 여유가 생긴다. '다른 일이 하나 늘긴 했지만 다음 주 중 비워 둔 날에 처리하면 되겠지' 하고 가볍게 받아넘길 수 있다. 하지만 일정을 빈틈없이 빡빡하게 채워 놓으면 계획을 변경할 수가 없다. 갑자기 다른 일이 들어왔을 때 어찌할 줄 몰라 패닉 상태가 되어 버리는 것이다.

일정이 비어 있어 여유가 있으면 아무리 급한 일이 들어와도 문제없다. 어떻게 해야 할지 몰라 두려워하지 않아도 된다. 여유 있는 날에 처리하면 되니 마음도 편하다.

시간적 여유는 스트레스도 없앤다

한 달 일정을 짤 때는 처음부터 달력이나 수첩에 적당한 날을 며칠 골라 동그라미를 치고, 그날에는 다른 일정을 넣지 않는 것이 좋다. 하루 종일 비워 둘 수 없다면 적어도 반나절은 아무 예정도 없는 날을 만들자. 이런 날을 설정해 놓으면 정신적으로도 덜 동요하게 된다.

미국 듀크대학교의 앤드루 카턴Andrew Carton에 따르면, 예측하지 못한 상황이 발생해 작업이 지연될 것이라는 사실을 미리 알기만 해도 스트레스를 그다지 느끼지 않을 수 있다고 한다. '돌발 상황이 발생하는 건 당연하다', '다른 일이 생겨서 업무가 예상대로 진행되지 않는 건 당연하다'라고 여기면 화도 나지 않는 법이다.

일이 약간 잘못되거나 무언가 하나라도 틀어지면 가슴이 두근두근하고 심하게 동요하는 사람이 있다. 그런 사람일수록 상황을 예견하여 미리 일정을 여유 있게 짜면 동요하지 않을 수 있다. 무슨 일이 생길 때마다 화들짝 놀라거나 전전긍긍하지 않고 침착하게 받아들일 수 있을 것이다.

비싼 옷을 입으면
딴사람이 된다

대단한 사람이 된 듯한 기분이 든다

소심한 사람이라면 되도록 비싼 옷을 입자. 싸구려 옷을 입으면 자신이 하찮은 존재로 느껴져서 왠지 비굴하고 쭈뼛쭈뼛하게 되기 쉽기 때문이다. 싼 옷을 입고서는 당당한 태도를 취하기가 쉽지 않다.

비싼 옷을 입고 있으면 왠지 내가 대단해진 것처럼 느껴진다. 자신감이 생기는 것이다. 자연스레 턱을 치켜올리고 가슴을 펴고 걸을 수 있다. 싸구려 옷을 입고 있으면 길을 걸을 때도 저절로 가장자리를 걷게 되지만, 비싼 옷을 입으면 길 한가운데를 당당히 걷게 된다.

사이토 가오루의 저서《옷이 인생을 바꾼다》에는 다음과 같은 내용이 있다.

유행하는 명품 백을 든 여자 중에 어두운 사람은 없다. 적어도 지쳐 보이거나 고민 있는 여자로는 보이지 않는다. 여성으로서 적극적이며 생동감이 넘친다는 인상을 준다. 이것이 명품의 힘일 테다. 명품에는 논리로 설명할 수 없는 힘이 있어서 몸 어딘가에 걸치고 있는 것만으로도 그 사람을 활기차 보이게 한다.

비싼 옷을 입는다는 행위에서는 이러한 심리 효과도 기대해 볼 수 있다. 게다가 비싼 옷은 주위의 반응도 달라지게 한다. 냉정하게 들리겠지만 싸구려 옷을 입으면 다른 사람들에게도 값싼 인간으로 취급받기 쉽다.

싸구려 옷을 입고 있으면 쉽게 얕잡아 보기 마련이다. 하지만 비싼 옷을 입으면 주위에서도 그에 걸맞게 정중히 대응한다. 결코 무시당하거나 홀대받지 않는다.

휴스턴대학교의 베티 스테드 Betty Stead 는 백화점에서 흥미로운 실험을 했다. 메릴랜드, 미시간, 오하이오, 펜실베이니아, 텍사스 다섯 지역의 백화점에 가짜 손님 두 명을 동시에 들어가게 하고, 점원이 누구에게 먼저 대응하는지 알아보았다. 가짜 손님의 생김새와 키는 거의 비슷했지만, 한 사람은 비싼 옷을 빼입었고 다른 한 사람은 저렴한 평상복을 입고 있었다.

실험 결과, 점원들은 비싼 옷을 입은 사람에게 먼저 다가와 말을 걸었다. 무려 67.3퍼센트가 비싼 옷을 입은 사람에게 먼저 서비스를 하려 한 것이다. 저렴한 옷을 입고 있으면 홀대받는 경우가 압도적으로 많다는 것을 알 수 있다.

자신감은 약간의 돈으로 손에 넣을 수 있다

좀 더 자신감을 가져야 한다고 쓰여 있는 책들이 많은데, 허름한 차림으로 당당해지기란 쉽지 않다. 쉽게 자신감이 생길 리가 없다. 하지만 자신감을 갖자고 굳이 되뇌지 않아도 비싼 옷을 입으면 자연스레 자신감이 생긴다. 왜냐하면 비싼 옷을 입은 사람을 주위에서도 정중하게 대하기 때문이다.

　조금 돈이 들지는 모르지만 되도록 비싼 옷을 입자. 비싼 옷을 입어서 자신감을 가질 수 있다면 그만한 값어치를 하는 셈이니 절대 손해가 아니다. 오히려 이득을 보는 셈이다.

영웅의 성공담을
마음속에 새긴다

역전승 영상의 효과

어떤 일을 하려 해도 의욕이 생기지 않을 때가 있다. 그럴 때는 유튜브 같은 영상 사이트에서 선두를 끈질기게 뒤쫓아 역전하는 경주마들의 레이스를 보자. 경주마가 레이스 막바지에 맹렬히 추격하여 선두로 결승점에 도착하는 장면을 보고 있으면 기분이 상쾌해진다. 추격하는 경주마가 나 자신이라고 생각하면 의욕도 불붙는다.

'인간이 말도 아니고, 경마를 본다고 의욕이 생기지는 않을 텐데.' 이렇게 생각하는 사람도 있겠지만 결코 그런 것만은 아니다. 상상 속에서 말과 나를 동일시하는 건 그리 어려운 일이 아니다. 게다가 대역전에 성공하는 레이스를 반복해서 보다 보면 신기하게도 나 역시 인생을 역전시킬 수 있다는 긍정적인 마음이 생긴다.

경주마의 레이스를 보고 이미지를 떠올리기가 어렵다면 올림픽이나 세계 선수권 대회도 좋다. 역전승하는 장면만 모아 편집한 영상을 반복해서 보는 것이다. 물론 대회에 출전한 선수에게 감정을 이입하면서 본다. 영상 속 선수에게 자신을 대입시키고 "질 리가 없어!" "절대 안 진다!"라고 큰 소리로 외치면서 보면, 정말로 내가 역전승을 이룬 듯한 감동과 흥분을 맛볼 수 있다.

어린아이는 텔레비전을 볼 때 방송에 나오는 영웅이나 등장인물에게 금세 감정이입한다. 어른이라고 못할 리 없다. 감정이입이 어렵다고 생각하는 사람도 반복해서 영상을 보는 사이에 얼마든지 할 수 있게 된다.

머릿속에 입력된 승리의 이미지는 의외로 큰 힘을 발휘한다. 심리학에서 이러한 효과가 강조되는 것에는 그 나름의 이유가 있다.

보기만 해도 효과가 있다

단순히 영상을 본다고 해서 그렇게 큰 영향을 받을 수 있느냐며 의아해하는 사람도 있겠지만 정말로 효과가 있다. 이를 '모델링 효과'라고 부른다. 텔레비전에 나오는 모델, 즉 등장인물이 우리에게 주는 영향을 심리학에서는 그렇게 부른다.

캘리포니아주립대학교의 스티븐 그레이 Steven Gray는 모델링 효과를 증명하기 위한 실험을 실시했다. 피실험자인 남자 대학생 스물네 명중 열두 명에게 먼저 20분 동안 배드민턴 영상을 보여 주었다. 프로선수가 어떻게 스윙을 하는지 반복해서 보여 준 것이다. 그 후 학생전원에게 포핸드와 백핸드 스윙을 해 보라고 하자 영상을 본 학생이 그렇지 않은 학생에 비해 훨씬 잘 쳤다. 자기도 모르는 사이에 모델의 행동을 흉내 낼 수 있게 된 것이다.

우리는 단지 영상을 보는 것만으로도 많은 영향을 받는다.

그래서 실제로 열심히 하는 경주마나 운동선수를 보면 의욕이 생기고 절대 지지 않겠다는 마음도 든다. 그러므로 스포츠 중계를 시청하는 것은 괜찮은 방법이라고 할 수 있다. 특히 역전승을 거두는 시합을 반복해서 보다 보면 나도 할 수 있다는 마음을 키울 수 있다.

지갑의 여유는
마음의 여유

부자 효과

중요한 일이 있을 때는 돈을 많이 들고 가자

돈이 있으면 우리는 안정된 기분을 느낀다. 돈이 없어서 먹을
거리나 입을 옷이 없다고 생각하면 정신적으로 압박을 느끼게
되지만, 돈이 있으면 그런 걱정을 할 필요가 없다. 돈이란 인간
의 생존과도 깊게 연관되어 있기 때문에 돈이 없으면 왠지 불
안해진다. 그러니 지갑에는 돈을 가득 넣어 두는 것이 좋다.

미국 리처드스톡턴대학교의 마르셀로 스피넬라 Marcello Spinella는 연봉과 마음의 상관관계에 대해 연구했다. 여러 사람을 대상으로 조사해 본 결과, 연봉이 높을수록 마음이 안정된다는 사실이 명확히 드러났다. 동요하거나 혼란스러워하거나 긴장하는 경향이 적어진다는 것이다. 또한 부자일수록 우울증에 걸리는 경우도 적었다. 돈으로 행복을 살 수는 없어도, 돈이 있는 사람일수록 실제로 더 행복하게 느낀다고 스피넬라는 지적했다.

그렇다고 돈을 낭비하라는 말은 아니다. 현금을 지갑에 가득 넣어 두는 것만으로 안심이 되고 좀 더 당당하게 행동할 수 있기 때문이다. 일본의 야쿠자들은 항상 지갑에 돈을 가득 넣어서 빵빵하게 부풀려 놓는다고 한다. 상대에게 얕잡히는 걸 가장 우려하기 때문에 현금을 가득 넣고 다니면서 자신감을 갖고 당당하게 행동하는 것이다.

지갑 안에 만 원짜리 지폐 두세 장만 있다면 침착한 분위기를 자아낼 수 없다. 겁먹은 작은 동물처럼 행동하게 될지도 모른다. 돈이 없으면 그만큼 자신감도 사라지기 때문이다. 반대로 지갑 안에 몇 십만 원 정도 현금을 넣어 두면 신기할 정도로 자신이 강해진 것처럼 느껴진다. 대단한 사람이 된 것처럼 느껴져서 담력이 센 사람처럼 행동할 수 있다.

중요한 일을 하러 갈 때는 돈을 많이 가지고 가자. 그러한 작은 행동 하나하나가 우리에게 자신감을 불어넣어 줄 것이다.

반드시 현금을 고집하라

카드가 있으니 현금은 필요 없다는 사람도 있겠지만 카드로는 안 된다. 눈에 보이는 현금을 가지고 다녀야 안심이 되기 때문이다. 카드로는 자신감이 생기는 심리 효과를 얻을 수 없다.

나 역시 업무를 보러 외출할 때는 필요 이상의 돈을 챙겨 나간다. 돈이 없으면 아무래도 비굴해진다고 할까, 겁쟁이가 된다고 할까. 마음처럼 딩딩하게 행동할 수 없기 때문이다. 물론 그 돈을 낭비하지는 않지만 돈을 갖고 있다는 것만으로도 마음이 훨씬 안정된다.

부적은 마음을
편안하게 한다

아로마 효과

심장 박동 수를 떨어뜨리는 향

부적에는 사람을 안심하게 하는 효과가 있다. 아테네 올림픽 여자 마라톤 금메달리스트인 노구치 미즈키는 부적을 운동복 바지에 붙이고 아테네 올림픽에 출전했다고 한다. 부적이 힘이 된다는 사실을 알고 있었던 것이다. '겨우 부적 따위'라고 생각해서는 안 된다. 부적을 지니고 있을 때와 그렇지 않을 때, 사람이 느끼는 불안과 긴장은 전혀 달라지기 때문이다.

소심한 사람에게 도움이 되는 수제 부적을 소개하고자 한다. 어떤 부적이든 지니고 있는 것이 도움이 되고 여기에 아로마 향을 더하면 한층 더 효과적이다. 부적만으로도 효과가 있지만 그 부적을 향주머니로 삼으면 더 큰 효과를 기대할 수 있다. 추천할 만한 향으로는 로즈메리나 라벤더가 있다.

웨스턴오리건대학의 크리스티나 버넷Christina Burnett은 긴장되는 상황에서 향기가 어떠한 효과를 나타내는지 실험을 통해 알아보았다. 먼저 시간을 매우 엄격히 제한한 상태에서 낱말 퀴즈를 푸는 과제를 내서 피실험자들에게 긴장과 불안을 부추긴다. 그리고 이렇게 감정이 고조된 피실험자에게 다양한 향을 맡게 하고 심장 박동 수가 얼마나 빠르게 안정되는지 알아보았다. 이 실험에서는 로즈메리와 라벤더의 효과가 높은 것으로 나타났다.

아로마 오일은 만 원 정도면 살 수 있고 시중에 향주머니를 만드는 상품도 판매되고 있어 손쉽게 만들 수 있다. 이런 재료들을 이용하여 나만의 부적을 만들어 보는 것도 좋은 방법이다.

중요한 거래가 있거나 귀한 고객을 만날 때, 혹은 프레젠테이션을 해야 할 때와 같이 심한 스트레스를 느끼는 상황에 처하면 부적을 꺼내 슬쩍 향을 맡는 것이다. 그 작은 행동이 기분을 안정시키는 데 도움을 준다.

기껏 부적, 그래도 부적

아로마 오일은 인간의 생리 반응에 직접적인 영향을 미쳐 마법 같은 효과를 발휘한다. 실제로 병원 대기실 등에서는 아로마 향이 나게 해서 환자의 불안을 진정시키기도 한다. 향이 나는 부적을 만들어서 가방에 넣어 두면 언제 어디서든 아로마 테라피를 즐길 수 있다. 아로마 테라피는 몸과 마음의 균형을 회복할 수 있는 편리한 방법이다.

적어도 침착하자고 자꾸 되뇌는 것보다는 훨씬 효과적이다. 앞서 설명했듯 이러한 자기 암시는 오히려 역효과를 부른다.

그러니 나만의 수제 부적을 하나씩 가지고 다녀 보자. 겨우 부적이라고 우습게 보지 말자. 중요한 시험을 앞둔 수험생이 부적이 지니고 침착하게 시험에 임하듯이, 부적은 마음을 안정시키는 데 상당한 효과를 가지고 있다.

반려동물을 돌보는 것은
내 마음을 돌보는 것

동물 매개 치료

반려동물은 혈압도 낮춘다

반려동물을 기르는 것은 스트레스를 줄이는 데 도움이 된다. 격무로 인해 스트레스에 시달리는 사람은 강아지나 고양이를 키우는 편이 좋다. 반려동물을 돌보는 건 쉽지 않지만 만족감과 행복을 얻을 수 있고 마음도 안정된다.

뉴욕주립대학의 캐런 앨런Karen Allen은 다음과 같은 흥미로운 실험을 했다. 매일 극도의 긴장 속에서 일하는 증권회사 직원을 모아 임의로 두 그룹으로 나누고, 그중 한 그룹에게는 강아지를 돌보게 했다. 피실험자들은 모두 강아지를 키워 본 적이 없는 사람들이었다. 그리고 반년 뒤 피실험자 전원의 혈압을 측정해 보니 강아지와 생활한 사람들의 정서가 더 안정되어 있었다. 강아지와 함께 생활하면 스트레스가 해소되고 마음이 치유된다는 증거라고 할 수 있다.

흥미롭게도 실험이 끝난 뒤 앨런이 강아지를 돌려받으려 했더니 아무도 돌려주려 하지 않았다고 한다. 다들 이대로 계속 같이 지내게 해달라고 애원하는 바람에 그대로 강아지를 키우게 했다고 한다.

처음에는 돌보기가 귀찮을지도 모르지만, 키우는 동안 애정이 생기고 보살피는 데 재미를 느끼게 된다. 또한 내가 애정을 갖고 대하면 반려동물 역시 애정을 보여 준다. 강아지나 고양이가 나를 잘 따르는 모습을 보면 마음이 따뜻해진다.

심리 상담 중에 '동물 매개 치료'라는 요법이 있다. 동물과의 접촉으로 마음을 치유할 수 있다는 사실이 증명된 것이다. 평소에 쉽게 스트레스를 느끼는 사람은 반려동물을 키우는 것이 마음을 안정시키는 데 도움이 된다.

동물을 좋아하면 인간도 좋아한다

살아 있는 동물을 키우기가 꺼려지거나 반려동물을 기르기 어려운 환경이라면 '아이보' 같은 강아지 로봇도 추천할 만하다.

세인트루이스대학교 의학부의 마리안 뱅크스Marian Banks는 인공지능을 이용한 로봇 강아지로 잘 알려진 소니의 '아이보'로 한 가지 실험을 실시했다. 일주일에 한 번씩 살아 있는 강아지와 아이보를 데리고 장기 요양 시설을 방문하여 환자와 30분씩 함께 지내게 한 것이다. 그로부터 8주 후에 다시 조사해 보니 살아 있는 강아지뿐만 아니라 로봇 아이보 또한 비슷한 수준으로 환자의 외로움을 달래 주었다는 사실이 밝혀졌다.

사람은 홀로 살 수 없다. 곁을 지켜 줄 누군가가 필요한데, 그건 사람이 아니어도 좋다. 반려동물이 그러한 존재가 될 수도 있다.

캐나다 라발대학교의 생이브스St-Yives에 따르면 반려동물을 키우는 사람은 동물에게도 애정을 쏟지만, 인간에게도 애정을 기울이게 된다고 한다. 즉 동물을 좋아하면 사람도 좋아하게 된다는 것이다. 반려동물의 주인은 동물을 상대로 끊임없이 애정을 쏟는 훈련을 하기 때문에 타인에게도 애정을 잘 표현하게 된다. 반려동물을 키우는 데는 이처럼 다양한 장점이 있다.

4장

내성적이어도
어디서든 환영받는
인간관계의 기술

★ 키워드 ★

- ☑ 맨투맨
- ☑ 애드리브의 허상
- ☑ 감사의 기술
- ☑ 면역 효과
- ☑ 실수 효과
- ☑ 감정 전염 효과
- ☑ 변명과 최소한의 매너
- ☑ 종료 임박 효과
- ☑ 숨은 조력자
- ☑ 스팀 오프
- ☑ 방임주의
- ☑ 소셜 미디어

항상 단둘이라고
생각하면 된다

적지에서도 긴장하지 않는 방법

내성적인 사람은 많은 사람들과 왁자지껄 떠드는 데 익숙지 않다. 그러므로 되도록 소수의 사람과 이야기하는 편이 좋다. 그래야 지치지 않는다.

예를 들면 많은 사람이 참석하는 친목 모임이나 파티에 갈 때는 사람 수가 적은 그룹에 끼는 것이다. 가능하면 홀로 벽에 기대어 있는 사람에게 말을 걸어 보자. 그러면 주변에 아무리 사람이 많아도 단둘이 대화를 나누는 기분으로 시간을 보낼 수 있다.

많은 사람 앞에서 프레젠테이션을 할 때도 마찬가지다. 소심한 사람은 많은 사람들에게 주목을 받으면 심하게 스트레스를 받으므로 무리해서 모든 사람과 제대로 눈을 마주치며 프레젠테이션 하려는 생각은 하지 않아도 좋다. 쉽게 긴장하는 사람이라면 프레젠테이션을 할 때 맨 앞에 앉은 사람을 향해 이야기해 보자. 그 외의 청중은 다 무시해도 된다. 없는 존재로 취급하는 셈이다.

사람은 원래 타인의 시선을 불편하게 느낀다. 시선을 받으면 심장이 두근거려 달아나고 싶어진다.

스탠퍼드대학교의 사회심리학자 피비 엘즈워스 Phoebe Ellsworth는 빨간불에 정지한 차 옆에 서서 운전자를 뚫어지게 쳐다보는 실험을 했는데, 운전자 대부분이 신호가 바뀌자마자 서둘러 액셀을 밟아 자리를 떴다. 시간을 측정해 보니 뚫어지게 바라볼 때는 5.3초 만에 출발했고, 그렇지 않을 때는 6.5초가 지나 자리를 떴음을 알 수 있었다. 그만큼 타인의 시선을 받는 것은 부담스러운 일이라는 것이다.

그 밖의 사람들은 전부 무시하라

프레젠테이션을 할 때 모든 청중과 눈을 마주치려 하면 1 대 50 혹은 1 대 100의 승부가 된다. 이런 상황에서는 누구나 상당한 스트레스를 느낄 것이다. 하지만 맨 앞자리에 앉은 사람에게 말을 걸듯 이야기하면 1 대 1의 상황이 된다. 그렇게 하면 정신적으로 편안한 상태를 유지할 수 있다.

나는 강연회에서 발표를 하거나 대학에서 강의를 할 때도 대개 이런 식으로 프레젠테이션을 한다. 가장 앞에 있는 사람을 향해서만 말을 하고, 그 외의 사람은 완전히 무시한다. 그런데 신기하게도 내가 맨 앞자리에 앉은 사람을 향해서만 상냥하게 말을 걸면, 다른 사람들도 '대체 무슨 이야기를 하고 있는 거지?' 하고 흥미를 가지고 이야기를 듣는다. 마음이 안정되어 여유가 생기면 다른 청중과도 눈을 맞추며 말하지만, 그건 상당히 여유가 있을 때에 한해서다.

책을 집필할 때도 마찬가지다. 이 책을 읽는 모든 사람이 기뻐할 만한 책을 써야겠다고 의욕을 불태우면 좀처럼 진도가 나가지 않는다. 그럴 땐 '나 같은 사람이 쓴 책을 읽는 사람이라면 조금 특이한 사람이겠지. 그런 사람만이라도 기뻐해 주면 돼.'

하고 범위를 좁힌다. 그 외의 독자들을 신경 쓰지 않을 때 오히려 글이 잘 써지곤 한다.

모든 사람에게 호감을 얻으려 하거나 모두가 이해해 주길 바라는 것은 지나친 욕심이다. **몇몇 소수의 사람만 상대해도 충분하다고 여기면 마음도 편안해지고, 결과적으로는 더 좋은 성과를 거둘 수 있다.**

이야깃거리는
마음의 낙하산

애드리브의 허상

대화가 끊어지면 어쩌지

개그맨들은 즉흥적으로 개그를 던지지 않는다. 미리 어떤 내용으로 웃기면 좋을지 착실하게 고민하여 이야깃거리를 만들어 둔다. 순간적인 애드리브로 떠드는 게 아니다.

대화가 서툰 사람들에게 공통적으로 관찰되는 특징이 있다. 바로 이야깃거리를 그다지 준비하지 않는다는 점이다. 그때그 때 즉흥적으로 말하려 하지만 당연하게도 대화는 물 흐르듯 흘러가지 않는다. 잘될 리가 없다. 결과적으로 대화 자체를 점점 두려워하게 된다.

- '그 사람을 지루하게 하면 어쩌지?'
- '대화가 끊어지면 어떡하지?'

이렇게 불안해하면서도 어째서 미리 이야깃거리를 마련해 두지 않는 것일까. 화제를 다양하게 준비하면 조금도 두려울 것이 없는데 말이다. 이야깃거리를 쌓아 두는 건 말하자면 탈출용 낙하산을 준비하는 것과 같다. 설령 비행기가 추락하더라도 낙하산을 준비해 놓으면 벌벌 떨 필요가 없다. 언제든 안전하게 도망칠 수단을 마련해 두면 침착하게 버틸 수 있는 법이다.

뉴욕대학교의 미셸 레더먼 Michelle Lederman은 세계 각국의 조직들을 대상으로 커뮤니케이션을 교육하는 유명한 커뮤니케이션 코치이다. 그는 자신의 저서 《우리는 어떤 사람에게 끌리는가》에서 대화를 잘

하는 사람은 애드리브를 잘하는 게 아니라, 그만큼 화제를 미리 준비하는 데 품을 들일 뿐이라고 정확하게 지적했다.

관객 앞에 서는 만담가가 이야기할 내용을 전혀 준비하지 않고 무대에 오를까? 그럴 리 없다. 이야깃거리를 미리 준비하고 착실하게 연습해 두었기 때문에 당당히 무대에 올라 맛깔스럽게 이야기를 풀어낼 수 있는 것이다. 화제는 되도록 '남아돌 정도로' 준비해 두는 것이 좋다. 이야깃거리가 부족한 상황에 처하는 것이 가장 곤란하기 때문이다. 남은 화제는 다른 기회에 쓸 수 있지만 부족할 때는 어찌할 도리가 없다.

말솜씨는 상관이 없다

내가 처음으로 강연을 했을 때였다. 주최 측에서 두 시간을 마련해 주었는데, 이 정도면 충분할 거라고 생각했던 내용이 불과 40분 만에 동이 나는 사태가 벌어졌다. 당연히 머릿속이 새하얘지고 얼굴은 창백해졌다. 질의응답 등으로 그럭저럭 상황을 모면했지만 그때의 공포는 지금도 생생히 기억하고 있다.

소심한 나는 그다음부터 강연 내용을 남아돌 정도로 준비한다. 그렇게 하지 않으면 불안해서 견딜 수가 없다.

대화를 잘하는지 아닌지는 결국 얼마나 화제가 풍부한가에 달렸다. 그러므로 누구든 노력과 수고만 들이면 이야깃거리를 준비할 수 있고 대화도 잘할 수 있게 된다.

'감사합니다'는
만능 해결사

감사의 기술

지적해 주셔서 감사합니다

앞서 이야기했듯이 다른 사람에게 혼나는 것을 그리 심각하게 받아들일 필요는 없다. 이는 험담이나 비웃음도 마찬가지다. 곧이곧대로 받아들이면 남과 어울리는 게 두려워지기 때문이다. 누군가 비아냥거려도 가볍게 흘려버리면 된다.

그리고 그보다 더 바람직한 방법은 빈정거림에도 감사 인사를 건네는 것이다. 비아냥대거나 놀리는 사람에게 순순히 "고마워요."라고 인사를 하면, 그 사람도 독기가 빠져서 더 이상 빈정대고 싶은 마음이 들지 않기 때문이다. 즉 비웃음을 멈추게 할 수 있다.

"넌 업무 속도만 제대로구나."
"정말요? 감사합니다!"
"어디까지나 속도에 한해서 하는 얘기야."
"네, 그래도 기쁘네요. 회사에서 가장 일처리가 빠른 사람이 되도록 노력하겠습니다!"
"아……그래. 열심히 해라."
"네, 감사합니다!"

예를 들자면 이런 느낌이다. 이렇게 어떤 말에든 감사의 말을 하면 상대방도 놀리거나 빈정대지 않을 것이다. 비웃음, 비판, 험담 같은 말에도 감사의 기술은 매우 효과적이다.

고객에게 항의를 받았을 때도 "지적해 주셔서 정말 감사합니다!"라든가 "말씀하시기 어려우셨을 텐데 알려 주셔서 감사드립니다."라고 대답하면 고객도 더 이상 항의하지 못한다. 누구나 감사하다는 말을 듣는 걸 좋아한다. 다른 사람에게 감사하다는 말을 들으면 기뻐지기 마련이다. 따라서 따돌림이나 빈정거림을 방지하는 효과도 기대할 수 있다.

혀를 차는 건 아무짝에도 쓸모없는 일

신규 고객을 유치하기 위해 방문 영업을 하고 있다고 가정해보자. 당연히 생각만큼 잘될 리 없고 대부분 거절당할 것이다. 하지만 거절당할 때조차 "바쁘신데 시간 내주셔서 감사합니다. 진심으로 감사드립니다! 감사합니다!" 하고 감사 인사를 연발하면 상대도 미안한 마음이 든다. 덕분에 다음에 방문했을 때 의외로 순조롭게 일이 성사되기도 한다.

반면, 미래의 잠재 고객에게 거절당했을 때, 부루퉁한 표정을 짓거나 혀를 차는 사람은 나중에 성과를 거두지 못한다.

캘리포니아주립대학교의 에이미 고든 Amy Gordon은 감사하다는 말이 서로의 관계를 심화시키고 원만한 인간관계를 쌓는 요령이라고 강조했다. 감사의 기술을 제대로 실천하기만 해도 인간관계는 그리 어렵지 않다. 필요한 것은 "감사합니다." 한마디뿐이다. 실천하기 쉬운 방법이면서도 지대한 효과를 거둘 수 있다.

심지어 나에 대해 나쁘게 말하는 사람에게도 자꾸 감사하다 보면, 머지않아 그 사람과의 관계도 보다 좋은 방향으로 개선된다는 사실을 기억해 두자.

다툼도
훈련이다

면역 효과

관점을 바꾸면 귀중한 체험

다른 사람과 다투는 건 결코 나쁜 일이 아니다. 비 온 뒤에 땅
이 굳는다는 말이 있듯, 오히려 싸우면서 서로의 관계가 깊어
지기도 한다. 전혀 다투지 않는 연인이나 부부는 그런 경험이
없어서 관계를 회복하는 데 필요한 중요한 기술을 연습해 볼
기회가 없다.

자주 싸우는 연인은 그때마다 '화해의 기술'을 연습하게 되기 때문에 다투기는 해도 사이좋은 연인으로 되돌아갈 수 있다. 싸울 때마다 화해의 기술을 연마하게 된다는 사실이 얄궂기는 하지만, 관점을 바꾸면 귀중한 체험을 할 수 있는 셈이다. 이런 식으로 생각해 보면 싸우는 것이 결코 나쁘기만 한 것이 아니라는 사실을 알 수 있다.

텍사스대학교의 리사 네프 Lisa Neff는 다툼이 부부의 관계에 어떠한 영향을 미치는지 연구하기 위해 결혼한 지 6개월이 채 되지 않은 신혼부부 61쌍을 2년 반에 걸쳐 추적 조사했다. 그 결과, 결혼 후 몇 개월간 어느 정도 다투면서 갈등을 극복해 온 부부일수록 이후 더 원만하게 지낸다는 사실이 밝혀졌다.

심하게 싸우면 곤란하지만 적당히, 즉 서로 노력하면 화해할 수 있는 수준으로 다투면 그 뒤에는 사이가 좋아진다는 것이다. 네프는 이러한 현상에 '면역 효과'라는 이름을 붙였다. 적당한 싸움은 말하자면 예방접종인 셈이다. 예방접종을 하면 면역력이 생겨서 그 후에는 같은 질환에 잘 걸리지 않게 된다. 인간관계의 충돌도 마찬가지다. 자잘한 다툼은 면역 효과를 발휘한다.

올바른 싸움, 옳지 못한 싸움

행복한 신혼 생활을 유지하기 위해 전혀 싸우지 않고 참다 보면 관계를 회복하는 연습을 해 볼 기회가 없어진다. 그런 부부일수록 파국을 맞기 쉽다고 네프는 지적한다. 다투는 건 나쁜 게 아니라 오히려 관계를 회복하기 위한 훈련 기회를 얻는 것이라고 생각하면 된다. 그렇게 여기면 다른 사람과 부딪히거나 충돌하는 것에 대한 거부감이 줄어든다.

우리는 실패로부터 배우는 존재다. 실패하지 않으면 다시 일어서는 방법을 훈련할 수 없다. 경험 삼아 화해하는 방법을 연습해 보고 싶다면 일부러 상대의 기분에 조금 거슬릴 법한 말을 해 보는 것도 좋다. "자세히 보니 네 표정 개구리 같아."라고 놀리면, 상대는 화를 내며 "그러는 너는 사마귀 같이 생겨 가지고!"라고 대답할지도 모른다. 이런 사소한 다툼을 경험하면 나중에 더 크게 싸우게 되어도 견딜 수 있을 것이다.

우리는 어릴 때 싸우면 안 된다는 말을 수없이 듣고 자라지만 자꾸 싸워도 괜찮다. 올바르게 싸우는 법과 화해하는 법을 배울 수 있기 때문이다.

완벽하기보다
어리숙한 모습을 보인다

완벽한 사람은 친구가 없다

'실수'에는 흥미로운 이점이 있다. 조금 어리숙한 모습을 보이면 주변 사람들로부터 호감을 얻을 수 있다는 점이다. '어리숙해 보이면 바보 취급당하지 않나?'라고 생각하는 사람도 있을 것이다. 하지만 그렇지 않다. 주위에서 조금 놀릴지도 모르지만, 그 점이 바로 사랑받고 있다는 증거다.

누군가를 놀린다는 건 그 사람에게 관심이 있고 귀엽다고 생각하기 때문이다. 가끔 빈틈 있는 모습을 보이면, 사람들은 그만큼 친해지기 쉽다고 여긴다. 그러니 가끔은 실수해도 된다. 무엇이든 완벽하게 해내는 인간은 오히려 가까이하기 어려운 법이다.

운동이든 일이든 연애든 모든 걸 완벽하게 해내는 사람은 생각보다 친구가 별로 없다. 그런 사람 옆에 있으면 보잘것없는 존재로 느껴지기 때문에 쉽게 다가가지 못하는 것이다. 심리학에서 '실수 효과'라고 부르는 현상이 있다. 완벽한 사람을 연기하기보다 조금 빈틈을 보이는 편이 친근하게 느껴지는 효과를 말한다.

존 F. 케네디 전 미국 대통령은 매력적이고 잘생긴 외모에 유능하기까지 한 인물로 알려져 있었다. 당연히 인기가 높았다. 케네디는 1961년 피그스만에서 쿠바를 침공하라고 명령했고, 작전은 완전히 실패했다. 일반적으로는 실수를 저질렀으니 인기도 떨어지리라 여겼지만, 작전 실패 직후 여론조사에서 케네디의 인기는 오히려 높아졌다. 캘리포니아주립대학교의 명예교수이자 저명한 사회심리학자 엘리엇 애런슨 Elliot Aronson은 언뜻 봐서는 이해할 수 없는 이러한 현상에

흥미를 느꼈다. 그리하여 '실수로 인해 매력이 증가할 수도 있는가'
라는 가설을 검증했고 실제로 그렇게 된다는 사실을 밝혀냈다.

'실수하면 다른 사람들이 날 어떻게 생각할지 걱정돼', '분명
정나미가 떨어질 거야'라고 생각하면 실수가 두려워진다. 하지
만 어리숙한 부분을 보여 주는 것이 오히려 호감을 살 수도 있
다는 사실을 알면 실수도 두렵지 않게 된다.

혀가 꼬이는 것도 웃음이 된다

어떤 직장에든 어리숙한 사람이 있을 것이다. 생각해 보자. 그
런 사람이 오히려 남들에게 호감을 얻을 때도 있지 않은가? 가
끔 실수하는 건 나쁜 일이 아니다. 도리어 매력을 높여 주는 요
소가 되니, 실수를 두려워하지 말고 자꾸 시도해 보는 것이 중
요하다.

사람들은 발표자가 완벽하게 프레젠테이션을 해냈을 때보
다 혀가 꼬이거나 말을 잘못했을 때 더 큰 소리로 웃으며 좋아
하기도 한다. 어떤 사람이 고객에게 설명을 하다가 혀가 꼬여

말을 잘못했더니 고객이 재미있어해서 결국 계약이 원활히 성사되었다는 에피소드도 있다. 실수는 피해야 할 것이 아니라 가끔은 적극적으로 해야 하는 것이다.

분위기가
어두운 사람은 피한다

감정 전염 효과

어두운 기운은 전염된다

의기소침한 사람을 보면 괜찮으냐고 상냥하게 말을 걸고 싶어
지겠지만, 그런 온정은 보이지 않아도 된다. 못 본 척하고 가까
이하지 않는 것이 정답이다. 일이 잘 안 풀리는 사람, 컨디션이
안 좋은 사람 곁에도 다가가지 않는 편이 좋다. 왜냐하면 그런
사람이 발산하는 어두운 기운이 내게도 전염되기 때문이다. 컨

디션이 좋은 상태라면 나의 좋은 기운마저 그 사람에게 빨려들고 만다.

일본 야구계의 거목 호시노 센이치의 저서 《망설여질 때는 전진하라!迷ったときは、前に出ろ!》에는 이런 이야기가 나온다. 그는 프로야구 감독 시절, 상대 팀에게 난타당한 투수는 다음 날 연습에서 격리시켰다고 한다. 되도록 다른 선수들과 말을 섞지 못하게 했다는 것이다. 왜 그렇게까지 해야 했을까?

물론 거기에는 이유가 있다. 상대팀에게 두들겨 맞은 투수는 당연히 풀이 죽어 있을 텐데, 그런 안 좋은 분위기를 다른 선수에게 전염시키지 않기 위해서다. 그래서 호시노 센이치는 그전 시합에서 난타당한 투수는 반드시 혼자서 묵묵히 뛰게 했다고 한다.

우리의 심리 상태나 감정은 가까이 있는 사람에게 영향을 받는다. 이를 '감정 전염 효과'라고 부른다.

캘리포니아주립대학의 토머스 사이Thomas Sy는 실험을 통해 감정 전염 효과를 증명했다. 몇 명씩 팀을 짜서 텐트를 치는 작업을 시켰을 때 누군가 한 명이라도 재미없는 표정으로 작업을 하면 다른 사람들도

지겹다고 생각하게 되고, 재미있게 작업하며 분위기를 띄우는 사람
이 있으면 다른 사람들도 즐겁게 작업을 했다. 한 사람의 기분이 다
른 사람들에게 전염된다는 사실이 밝혀진 것이다.

어느 심리학 연구에 따르면, 이러한 감정 전염은 불과 30초
만에 이루어진다고 한다. 의기소침한 사람과 30초 이상 이야기
하면 나도 점점 우울한 기분이 들 수 있다는 것이다.

다른 사람의 긴장을 경계하라

피아노나 바이올린 연주회에서 발표 순서를 기다릴 때, 옆 사
람이 지나치게 긴장하면 나도 모르게 덩달아 긴장하게 되기도
한다. 이 역시 감정 전염의 효과다. 만약 주위에 긴장하는 사람
이 있다면 화장실에 가거나 되도록 거리를 두고 앉아서 분위기
가 전염되지 않도록 주의해야 한다.

쉽게 겁을 먹거나 걱정하고 싶지 않다면, 언제나 침착하고
작은 일에 동요하지 않는 사람을 가까이하는 편이 좋다. 그 사
람의 안정된 모습을 보면 나도 차분해지기 때문이다. 감정 전

염 효과를 좋은 방향으로 이용하면서 나쁜 영향은 최소화하는

것이 현명한 방법이다.

모임에 갈 때는
탈출 계획을 준비한다

변명과 최소한의 매너

끝까지 남아야 한다는 착각

내성적인 사람은 파티처럼 왁자지껄한 장소가 익숙지 않다. 다른 사람과 이야기하는 것이 싫지는 않더라도 지나치게 무리하면 녹초가 되고 만다. 과도하게 애를 쓰기 때문이다. 그러니 거북한 장소에 가야 할 때는 끝까지 있으려 하지 말고 적당한 타이밍에 재빨리 돌아가면 된다. 무리해서 애쓰기 전에 떠나는 것이다. 그러기 위해서 탈출 계획을 꼼꼼하게 생각해 두는 것이 좋다.

심리 치료사이자 베스트셀러 작가인 마티 올슨 래니 Marti Olsen Laney 는 저서 《내성적인 사람이 성공한다》에서 소심한 사람을 위한 몇 가지 테크닉을 소개했다. 그중 모임에 참가할 때는 몇 시에 돌아갈지, 돌아갈 때 이유는 뭐라고 댈지 등과 같은 계획을 미리 정해 두는 방법이 있다. 그렇게 하면 에너지가 바닥날 때까지 사람들을 상대하느라 억지로 애쓰지 않아도 된다.

이때 또 하나 중요한 점은 되도록 독자적인 이동 수단을 확보하는 것. 그래야 원할 때 언제든 돌아갈 수 있기 때문이다. 직접 운전을 해서 모임에 참석하면 오도 가도 못하게 될 염려가 없다. 하지만 몇몇 친구와 차 한 대로 함께 움직이면 나 혼자서 돌아오기란 쉽지 않다. 집에 갈 때도 친구와 함께 행동해야 하기 때문이다. 그런 불편한 상황에 처하지 않도록 독자적인 이동 수단을 이용하는 것이 실질적으로 큰 도움이 된다.

친구와 같이 참석하면 아직 이르다거나 조금만 더 있다 가자는 설득에 넘어가서 신속하게 탈출하기가 어려워진다. 그러므로 친구나 지인이 어차피 함께 참석하니 한차로 가자고 해도 처음부터 거절하는 것이 좋다. "나는 먼저 돌아와야 할 테니 따로 가자." 하고.

이 작전은 나 역시 애용하고 있다. 별로 참석하고 싶지 않은 지역 공동체 모임이나 학부모회 회식, 대학교 친목회에 갈 때는 반드시 독자적인 이동 수단을 이용한다. 집에 가고 싶을 때 언제든 돌아갈 수 있다고 생각하면 그만큼 정신적으로도 안심이 되기 때문이다.

좀 더 얘기하고 싶었어요

빨리 돌아간다고는 해도 최소한의 매너를 잊어서는 안 된다. 집에 갈 시간이 다가오면 잊지 말고 모든 초대 손님과 참석자에게 인사한 뒤에 돌아가는 것이다.

"좀 더 이야기 나누고 싶은데, 돌아가서 할 일이 있어서요." 나는 이 핑계가 편해서 자주 써먹는다. 이유는 뭐든 좋지만 번잡한 장소는 잘 맞지 않아서 이만 돌아간다는 진짜 이유는 말하지 않는 편이 좋다. 적당한 이유를 둘러대자.

탈출 계획이 마련되면 내키지 않는 자리에 참석하는 것 자체에 대해서도 거부감이 적어진다. '어차피 1차만 견디면 되니까', '어쨌든 한 시간만 얼굴을 내밀면 되니까'라고 생각하면 마음이 편안해진다. 한계까지 참으려 하지 말고 내가 견딜 수 있는 만큼만 견디면 된다. 그걸로도 충분하지 않을까.

인간관계에
제한 시간을 설정한다

종료 임박 효과

끝이 보이면 힘들지 않다

사람을 만나는 게 고역이라면 되도록 만나는 시간을 짧게 하면
된다. 아무리 따분한 일이라도 제한 시간을 설정해 두면 제법
수월하게 견딜 수 있는 법이다. '이 쓸데없는 수다는 대체 언제
끝나는 걸까?'라고 생각하면 지긋지긋하겠지만, 끝날 시간을
알고 있어서 '앞으로 38분, 앞으로 35분' 하고 종료 시점을 계

산할 수 있으면 쉽게 지치지 않는다.

끝나는 시간이 명확히 설정되어 있으면 '어차피 이제 10분 남았으니까 조금만 기운 내서 친절하게 대해 볼까?' 하는 여유도 생긴다. 끝이 보이지 않으면 그럴 여유도 없고 그저 괴로울 뿐이겠지만, 끝나는 시간을 알면 막판에 힘을 내어 많이 웃기도 하고 상대에게 좋은 인상을 남기기 위한 농담도 할 수 있게 된다.

나는 업무 관련 미팅이나 잡지 취재 등은 모두 목요일과 금요일로 제한하고 있다. 오직 그 이틀 동안만 다른 사람을 만난다. 이틀이라는 제한이 있으니 적어도 이 이틀간은 붙임성 있게 행동하자는 마음으로 사람들을 만난다. 이렇게 자기 나름대로 시간을 정해 놓는 것도 현명한 방법이다.

상황에 따라서는 하루 중 몇 시간 동안만 집중적으로 만나도록 정해 놓는 것도 좋다. 인간은 끝이 보이지 않는 일은 잘 해내지 못하는 법이다.

같은 일을 하더라도 끝이 보일 때와 보이지 않을 때의 차이는 크다. 한 실험에서 병사들에게 45킬로미터 도보 훈련을 하게 했다. 먼저 목적지를 확실히 알리지 않고 훈련을 시키자 체력이 좋은 병사들조차 기진맥진해 녹초가 되고 말았다. 그러나 종료 지점이 45킬로미터 밖임을 알리고 15킬로미터, 10킬로미터, 하는 식으로 피드백을 하며 훈련을 시키자 병사들은 크게 지치지 않았다. 끝이 보이지 않으면 의욕이 꺾인다는 사실을 알 수 있다.

차단 시간을 미리 알린다

다른 사람과 약속을 할 때도 종료 시간을 명확하게 설정하는 것이 좋다. "목요일 오후 두 시에 만나요. 시간은 한 시간이면 충분할까요?" 보통은 만나는 시간만 정하지만, 이런 식으로 끝나는 시간까지 지정하여 약속을 잡는 것이다.

회사에서 누군가 말을 건다면 "일이 있어서 10분 정도만 시간을 낼 수 있을 것 같습니다." 하는 식으로 말해 보자. 10분이 넘으면 이야기를 그만 듣겠다는 뜻을 상대에게 은근슬쩍 전하는 것이다.

집중해서 일에 몰두하고 싶다면 쓸데없는 방해를 받지 않도록 미리 모든 접촉을 끊겠다고 선언하는 것도 좋다. 오후 두 시부터 네 시까지는 집중해서 일하고 싶으니 면담은 거절한다고 모두에게 알리는 것이다. 이 시간에 오는 전화는 연결하지 말아 달라고 부탁해 두면 외부에서 오는 연락도 완전히 차단할 수 있다.

전화를 걸 때는 "지금 시간 괜찮으세요?"라고 묻는 것이 예의이다. 대부분은 괜찮다고 흔쾌히 대답할 것이다. 하지만 전화로 대화하는 것이 힘겹다면 "2, 3분은 괜찮아요." 하고 종료 시간을 명확하게 알리는 것이 좋다. 끝나는 시간을 알면 스트레스를 거의 느끼지 않을 수 있다. 어떤 일을 하더라도 '언제 끝나는가'를 확실히 하자.

공은
남에게 양보한다

숨은 조력자

질투로부터 자유로워지는 방법

남보다 뛰어나다는 건 개인으로선 만족스러운 일이다. 하지만
이것이 주변 사람과의 관계에 쓸데없는 긴장을 불러오기도 한
다. 다른 사람들로부터 시기와 질투를 받기 쉬워지기 때문이다.
그러므로 재능은 잘 숨겨 두는 편이 좋다. 남보다 뛰어나다는
사실을 굳이 드러낼 필요는 없다.

뉴욕주립대학교의 줄리 엑슬린 Julie Exline 은 다른 사람보다 뛰어나 보이는 것을 경계해야 한다고 말한다. 그녀는 자기표현 욕구가 강하고 대단한 사람으로 보이길 원할수록 그만큼 손해 보게 된다는 사실을 많은 이들이 모르고 있다고 지적한다.

엑슬린에 따르면, 실제로는 뛰어난 업적을 위기나 위협으로 인식해야 한다는 것이다. 성공 가도를 달리면 이를 시기하여 발목을 잡거나 괴롭혀야겠다고 생각하는 사람이 반드시 나타난다. 따라서 성과가 날 때일수록 위험하다는 것이다.

업무에서 공을 세웠을 때도 마찬가지다. 그럴 때는 공로를 다른 사람에게 기꺼이 양보하는 것이 바람직하다.

- "○○씨가 도와주신 덕분이죠."
- "저는 조금 거든 것뿐인걸요. 90프로는 부장님 덕분입니다."
- "이 성공은 팀 전체의 성과입니다. 저는 딱히 한 게 없어요."

이렇게 겸허한 자세를 보이자. 사람들은 대부분 자신이 대단해 보이기를 원하는데, 오히려 반대로 행동하는 것이 좋다. 모두가 돋보이려 한다면 돋보이게 해 주면 된다. 나는 지극히 작은 존재로 머물면 된다. 숨은 조력자로 충분하다고 딱 잘라 결론짓는 것이다.

볼 사람은 다 보고 있다

돋보이지 않아도 된다고 생각하면 쓸데없는 걱정과 스트레스가 사라진다. 우선 의욕적으로 열심히 하는 모습을 어필하지 않아도 된다. 앞에 나설 필요도 없어진다. 다른 사람에게 공을 양보하므로 질투를 살 일도 없다. 즉 정신적으로 매우 안정된 상태를 유지할 수 있다.

- '나도 열심히 했는데 남의 공으로 돌리는 건 바보 같은 짓 아닌가.'
- '아무도 내 노력을 인정해 주지 않는다면, 뭘 위해 열심히 했는지 모르겠는걸.'

그런 생각이 들지도 모른다. 하지만 내가 열심히 했다는 사실을, 그 공이 나의 몫이라는 사실을 알 사람은 모두 알고 있다. 구태여 어필하려 하지 않아도 인정받을 수 있으니 쓸데없이 걱정할 필요가 없다. 그보다는 진중하고 품위 있는 모습을 보여 주위에 적을 만들지 않는 것이 중요하다.

변명은
4분 30초 동안 참는다

노여움을 증폭시키는 말

격앙된 사람에게 절대 해서는 안 되는 말이 있다. 상대의 분노에 기름을 부어 버리는 말이다. 바로 '그렇지만'이라는 말이다. '그렇지만' 다음에는 반드시 변명이 이어진다.

- "그렇지만 연락을 못 받아서요."

- "그렇지만 전철이 늦게 와서요."
- "그렇지만 원래 인원이 부족하니까요."

'그렇지만'은 초라한 변명이 시작되는 걸 알리는 신호다. 요컨대 '난 전혀 잘못 없어요. 책임 없다고요.'라는 뜻을 상대에게 전하는 말이다.

화가 난 사람은 '그렇지만'이라는 말을 들으면 분노가 머리 끝까지 치민다. 훈계하고 있는데도 반성의 빛이 전혀 없다고 느끼기 때문이다. 그래서 변명하지 말라고 더 사나운 목소리로 꾸짖게 된다.

물론 분노의 대상이 되는 사람은 나름대로 할 말이 있을 테다. 변명하려는 게 아니라 적어도 이유만은 설명하고 싶다는 마음일 것이다.

하지만 꾸지람을 들을 때는 잠자코 있는 것이 옳다. 영원히 참으라는 말이 아니다. 꾸중을 들을 때 적어도 처음 4분 30초 동안은 묵묵히 고개를 숙이고 있는 것이다. 꼭 변명을 해야 한다면 4분 30초, 아니 5분이 지난 뒤에 하자. 무작정 변명하는 건 절대 피해야 한다.

영원히 화내지는 못한다

왜 4분 30초 동안은 잠자코 듣기만 하는 게 좋을까. 인간은 심리적으로 4분 30초 이상 계속해서 화를 내지는 못하기 때문이다. 분노가 폭발해도 4분 30초가 지나면 대개 원래 상태로 돌아온다.

마구 소리 지를 수 있는 시간은 기껏해야 4분 30초. 그러니 온순하고 얌전한 표정으로 꾸지람을 들으면 상대의 분노는 4분 30초 만에 잦아들 것이다. 그러면 그만 가 보라는 말과 함께 자유의 몸이 될 수 있다.

'스팀 오프'라는 협상 기술이 있다. 바로 앞서 이야기한 대로 상대가 화를 내기 시작하면 4분 30초 동안은 입을 다물고 상대의 분노를 발산시키게 하는 기술이다. 화를 내는 사람 앞에서는 변명할 여지가 없다는 표정으로 묵묵히 가만히 있는 것이 상책이다.

'그럴 리가. 분노가 4분 30초 만에 가라앉는다니. 계속 화내는 사람도 있는데?'

이러한 생각이 드는가. 그건 상대가 반론을 하거나 대들거나 구차한 변명을 했기 때문이다. 그럴 때는 '분노의 증폭'이라는 현상이 일어난다. 결국 수습이 힘들어진다. 그러니 화난 사람을 더 부추기지 않도록 4분 30초 동안은 고개를 숙이고 눈을 감은 채 견디는 것이 현명한 방법이다.

이끌어 가는
리더십은 필요 없다

방임주의

믿고 맡기는 것도 중요하다

상사는 부하 직원을 어떻게 지도해야 할까? 어떻게 리더십을
발휘하면 좋을까? 많은 상사들이 이를 고민한다. 과연 부하 직
원을 적극적으로 움직이게 할 수 있을까 하는 불안에 사로잡히
기도 한다. 하지만 결론부터 말하자면 리더십은 발휘할 필요가
없다.

내가 의욕적으로 이끌어 주지 않아도 부하 직원은 스스로 성장하고 맡은 업무도 해낸다. 성격상 남을 적극적으로 이끄는 게 서툴다면, 굳이 리더십을 발휘하지 않아도 된다. 특히 의욕 있는 부하 직원이라면 모두 맡기고 쓸데없는 참견은 하지 않는 편이 더 좋은 성과를 낼 수 있다.

상사는 부하 직원이 의욕을 내지 못할 때만 격려하거나 용기를 주면 된다. 의욕에 차 일을 하는 부하 직원에게 자꾸 말을 걸거나 참견하면 오히려 방해만 될 뿐이다. 상사는 부하 직원을 통솔해야 한다, 리더는 상명 하달식으로 지시를 내려야 한다는 생각은 착각에 불과하다. 사실 의욕적으로 이끌어 가는 유형의 리더는 그리 좋은 리더가 아니다.

서던캘리포니아대학교의 워렌 베니스Warren Bennis는 포브스가 극찬한 리더십의 대가다. 그는 〈리더십의 종언〉이라는 논문에서 사람들이 일반적으로 생각하는 리더십, 즉 적극적으로 남을 이끌어 가는 리더십은 신화에 불과하며 오히려 해롭다고 지적했다. 베니스의 말에 따르면 스탈린이나 히틀러, 나폴레옹이나 마오쩌둥 등과 같이 '강력한 리더십'을 발휘한 사람들이 이로움보다는 해로운 결과를 불러왔다는 것이다.

우선 무능함을 자각하자

"난 무능한 상사예요. 부하 직원에게 아무것도 못 해 줘요."

이렇게 자조적으로 말하는 사람이 있다면, 나는 "그게 좋아요. 부하 직원도 당신에게 감사하고 있을 거예요."라고 격려할 것이다.

우리는 일반적으로 리더십은 좋은 것이라고 막연하게 생각하지만 실제로는 리더십을 발휘하는 것이 반드시 좋은 것만은 아니다. 때론 발휘하지 않는 편이 훨씬 좋다. 정말 앞가림을 못하는 부하 직원은 하나하나 지도해야 할지도 모르지만, 그렇지 않다면 부하 직원을 신뢰하고 내버려 둘 줄 아는 것이 상사가 지녀야 할 덕목이다.

아이들 가정교육도 마찬가지다. 부모가 이것저것 잔소리하며 가르치면 아이들도 싫증을 낸다. 부모가 리더십 같은 것을 발휘할수록 아이는 위축되고, 아무것도 못하는 어른으로 성장한다. 이는 부하 직원을 키울 때도 비슷하다. 최소한의 업무를 가르쳤다면 그다음은 부하 직원에게 온전히 맡기는 것이 바람직하다.

굳이 전화하지
않아도 된다

소셜 미디어

채팅은 힘의 균형을 맞춰 준다

소셜 미디어가 보급되면서 내성적인 사람도 보다 적극적으로 자신을 어필할 수 있게 되었다. 겁이 많은 사람에게는 상당히 고마운 일이 아닐까. 100명이 참석한 세미나에서는 절대로 손을 들고 질문하지 못하는 사람도, 블로그에서는 100만 명을 상대로 자기 의견을 당당하게 말할 수 있다. 얼굴을 마주하고서는 말을 잘 섞지 못하는 사람도 SNS를 사용하면 얼마든지 달변가가 될 수 있다.

카네기멜론대학교에서 컴퓨터와 인간의 상호작용을 연구하고 있는 사라 키슬러Sara Kiesler는 3인 1조로 그룹을 만들어서 각각 채팅, 메일, 대면 회의를 진행하게 했다. 그 결과 대면 회의를 했을 때는 어느 특정 구성원만 말을 했고, 나머지는 거의 발언을 하지 않고 듣는 역할에 머물렀다.

그런데 채팅이나 메일로는 피실험자 전원이 거의 동등하게 발언한다는 사실이 확인되었다. 말수가 적은 사람도 채팅이나 메일로는 말을 하게 되는 것이다.

- '아무래도 사람을 직접 만나는 건 고역이야.'
- '눈이 마주치면 긴장돼.'
- '전화로 이야기하면 목소리가 떨려.'

사람을 만나고 직접 대화하는 것이 힘든 사람은 굳이 대면 커뮤니케이션을 하지 않아도 된다. 물론 극복할 수 있다면 좋겠지만, 서툰 일은 되도록 하지 않는 것이 현실적으로는 현명한 방법이다.

다른 사람과의 커뮤니케이션은 전부 메일로 해도 괜찮다. 나 또한 기본적으로 업무와 관련된 논의는 모두 메일로만 한다. 전화도 하지 않고 만나러 나가지도 않는다. 그래도 크게 불편함을 느끼지 않으니 정말 시대의 덕을 톡톡히 보고 있는 셈이다.

이제 생각의 전환이 필요하다

다른 사람과 제대로 교제하려면 반드시 얼굴을 마주해야 한다고 말하는 사람도 있다. 하지만 그런 사람은 시대를 잘못 읽어도 대단히 잘못 읽고 있다. 소셜 미디어로 맺은 관계도 실제로 만나서 사귀는 것과 마찬가지로 친밀할 수 있다는 사실을 모른다는 것이다.

오하이오주립대학교에서 커뮤니케이션에 대해 강의하고 있는 제시 폭스 Jesse Fox 교수는 소셜 미디어가 관계에 미치는 영향에 대해 연구했다. 그는 페이스북을 사용하면 서로의 개인적인 정보를 자세히 알 수 있고, 상대에 대해 많이 알면 알수록 그 사람을 더 좋아하게 된다고 말한다. 자신의 매력을 직접 어필하기가 쑥스럽고 어렵게 느껴지는 사람은 페이스북을 이용하는 것도 좋은 방법이다.

반드시 자기 입으로 어필해야 한다는 규칙은 없다. 어필하고 싶은 사람에게 페이스북 계정을 알려 주기만 하면 된다. 편리한 미디어가 얼마든지 존재하는 세상이다. 이를 적극적으로 활용하자. 내가 잘하지 못하는 것을 되도록 하지 않는 건 비겁하거나 잘못된 일이 아니다. 그렇게 해야 지치지 않고 오래 나아갈 수 있다.

5장

부족함도
능력이 되는
최강의 기술

★ 키워드 ★

- ☑ 쾌감과 긴장의 관계
- ☑ 미국인 특유의 사고방식
- ☑ 실패학
- ☑ 기분 전환법
- ☑ 후회의 종류
- ☑ 콤플렉스
- ☑ 긍정적 의미 부여
- ☑ 적극적인 사고
- ☑ 실황 중계
- ☑ 학습 효과
- ☑ 밑바닥 경험
- ☑ 시간 관리
- ☑ 통과의례

긴장하는 성격이어서
다행이다

대범한 사람은 덜 기쁘다

소심한 사람은 배짱 좋고 넉살스러운 사람을 질투하거나 동경한다. 나도 그 사람처럼 좀 더 대범하면 좋을 텐데, 나도 그 사람처럼 당당하게 행동할 수 있다면 행복하겠지. 그런 생각을 하곤 한다.

　하지만 생각을 달리해 보자. 과연 만사에 긴장하거나 걱정하지 않는 사람이 가장 행복할까? 결코 그렇지 않다. 그런 사람은 감정이 둔한 셈이기 때문에 기쁨을 느끼기 어려운 체질이라 할 수 있다. 그런 사람을 부러워할 필요는 없다.

여성을 대하는 데 익숙한 남성은 여성과 대화하거나 호감을 표시할 때 아무런 두려움도 느끼지 않는다. 소심한 남성은 그런 사람을 부러워하겠지만, 과연 여성에게 익숙한 남성이 그렇지 못한 남성보다 여성과의 대화에서 더 큰 즐거움을 느낄까? 그렇지 않을 것이다.

이런 상태를 과연 부럽다고 할 수 있을까. 그보다는 여성과 한두 마디 대화만 나눠도 기뻐하는 소심한 남성이 훨씬 행복할지도 모른다.

프랑스 랭스대학교의 파비앵 르그랑 Fabien Legrand에 따르면, 인간이 느끼는 쾌감은 긴장과 비례 관계에 있다고 한다. 잔뜩 긴장하고 있을수록 그 긴장에서 벗어났을 때 더 큰 쾌감을 느낄 수 있다는 것이다. 반대로 말하자면 긴장하지 않으면 쾌감도 느껴지지 않는다. 긴장은 대부분 부정적인 감정으로 받아들여지지만 커다란 쾌감을 얻기 위한 필요조건이라 할 수 있다.

당신의 기쁨은 남보다 두 배 더 크다

작은 일에도 두근두근 가슴이 뛰는 자신에게 감사하자. 쉽게 긴장하고 걱정하는 성격은 나쁘기는커녕 오히려 짜릿한 기쁨을 느끼기 쉬운 체질이라고 생각하면 된다.

사람들 앞에서 프레젠테이션 하는 데 익숙지 않은 사람은 발표를 앞두면 긴장 때문에 심장이 밖으로 튀어나올 듯이 두근댄다. 이는 어쩔 수 없는 일이다. 하지만 발표 후에는 아주 큰 충만감과 행복을 느낄 수 있다. 긴장도가 높으면 높을수록 그후 되돌아오는 기쁨과 행복은 더욱 커지는 법이다.

성격이 소심하고 쉽게 긴장하는 점을 마이너스가 아니라 플러스로 생각하자. '툭하면 긴장하니까 안되는 거야'가 아니라 '긴장하는 사람이라 다행이야'라고 여기자. 긴장이라는 부정적인 상태를 보다 쉽게 받아들일 수 있게 된다.

인간은
실패 후 강해진다

미국인 특유의 사고방식

승승장구하는 사람을 저평가한다

만사형통하다는 건 실은 그다지 좋은 일이 아니다. 왜냐하면 모든 일이 잘 풀릴 때는 자신을 바꾸고자 하는 마음이 들지 않기 때문이다.

사람은 실패를 하기에 무엇을 어떻게 개선하면 좋을지 반성하고 고민하며 성장해 간다. 모든 일이 수월하기만 하다면 변

화하고자 하는 마음도 생기지 않고, 잘해야 현상만 유지할 수
있을 뿐이다.

실패는 있을 수 없는 일이며 오로지 승승장구하고 싶다고만
생각하는 사람도 있겠지만, 그건 조금 잘못된 생각이다. 사람은
실패를 통해서 성장하는 법이다. 실패를 두려워하면 성장도 할
수 없다.

일본에서는 회사를 창업했다가 도산한 경영자가 나쁜 평가
를 받는다. 화려한 경력에 금이 간 셈이기 때문이다. 하지만 미
국에서는 오히려 실패한 경영자를 높이 산다. 쓰디쓴 실패를
맛본 사람은 다시 실패하지 않도록 온갖 방법을 고안하여 개선
할 것이라 기대하기 때문이다. 그래서 평가도 높아진다. 우리도
이러한 미국인의 사고방식을 배워야 한다.

긴 안목으로 보라

실패는 결코 나쁜 경험이 아니다. 실패에 관한 많은 격언들이
존재하는 것도 이러한 점 때문이다. 이것은 실험 결과를 통해
서도 알 수 있다.

노터데임대학교의 수잰 나스코 Suzanne Nasco는 대학생 293명에게 한 달 간격을 두고 시험을 두 차례 치르게 했다. 그러자 첫 시험에서 참담한 성적을 받은 학생은 대부분 착실하게 준비하여 두 번째 시험에 임했다. 그 결과, 이대로는 안 된다고 통렬하게 반성한 학생은 두 번째 시험에서 높은 점수를 받았지만 첫 번째 시험에서 나름대로 성적이 좋았던 학생은 안심한 탓지 두 번째 시험에서는 성적이 떨어졌다.

이 실험이 말해 주는 건 사람은 괴로운 경험을 통해 더 나은 미래를 준비할 수 있다는 사실이다. 반대로 말하자면 힘든 경험을 쌓지 않고서는 제대로 성장할 수 없다는 것이다. 누구든 실패를 하면 기분이 좋지 않다. 하지만 그런 체험을 했기에 다음에는 더 큰 기쁨을 맛볼 수 있다. 긴 안목으로 보면 실패를 오히려 달갑게 여길 수 있지 않을까.

실패에 겁먹을 필요는 없다. 만일 실패한다면 이번에는 실패했으니 다음에는 틀림없이 잘할 수 있을 거라고 스스로를 다독여 보자.

실패한
사람에게 배운다

실패학

다른 사람의 성공 경험은 도움이 안 된다

인간은 실패로부터 많은 것을 배운다. 그런데 서점의 자기계발
서 코너에 가면 '이렇게 하면 부자가 된다', '이렇게 하면 성공
한다' 하는 책만 눈에 띈다. 성공한 사람의 이야기를 들어 봤자
현실에서는 전혀 참고가 되지 않는데도 말이다.

　오히려 실패자나 낙오자가 쓴 책을 읽는 것이 여러모로 도움이 된다. 어떤 때 낭패를 보게 되는 것인지 배울 수 있기 때문이다. 그런 실패 사례를 반면교사로 삼으면 실제로 많은 도움이 된다.

성공한 이야기는 별로 쓸모가 없다는 사실을 보여 주는 데이터도 있다.

시드니대학교의 웬디 정 Wendy Joung은 소방관 쉰아홉 명을 대상으로 위험 상황에서 대처하는 방법에 대한 훈련을 실시했다. 다만 절반에게는 실제로 효과가 있었던 성공 사례만 가르쳐 주고, 나머지 절반에게는 실패 사례도 포함하여 강의를 했다.

그 후 특정 화재 사건에 대한 글을 읽게 한 뒤 '당신이라면 어떻게 행동하겠는가?'라는 질문에 대해 적절한 행동을 몇 가지 고르는지 측정했다. 위험을 올바르게 판단할 수 있는가, 가까이 다가가면 안 되는 것으로 무엇이 있는지 파악하고 있는가, 건물의 구조를 유념하고 있는가 등을 체크해 본 것이다. 그 결과, 성공 사례만 배운 소방관은 적절한 행동을 5.08개밖에 대답하지 못한 반면, 실패 사례까지 배운 소방관들은 적절한 행동을 7.22개까지 골라냈다.

인간은 성공보다 실패에서 더 많은 것을 배우는 법이다. 앞 사람의 실패는 귀중한 정보원이다. 그런 사례를 자꾸 모아서 분석하다 보면 실패를 피할 수 있다. 성공한 사람의 자랑만 들어 봤자 현실에는 별로 쓸모가 없다.

무엇이 위험한지 알자

이 책을 읽고 있는 사람은 아마도 대부분이 상당히 쉽게 긴장하고 스트레스를 받는 성격일 것이다. 소심함을 극복하고 싶다면 성공한 사람의 이야기보다 실패한 사람의 이야기에 귀를 잘 기울여야 한다.

- '그렇군. 이런 일을 하면 위험하구나.'
- '그렇구나. 이렇게 하면 낭패를 보겠어.'

이처럼 사례를 통해 어떠한 것이 실패의 원인이었는지를 학습하는 것이 좋다. '실패학'을 제창한 도쿄대 명예교수 하타무라 요타로는 저서 《실패를 감추는 사람 실패를 살리는 사람》에서 성공보다는 실패에 눈여겨볼 정보가 더 가득하다고 지적했다. 실패에서 배울 수 있는 것이 훨씬 더 많다는 것이다.

신기하게도 실패에 대해 공부하면 실패를 그다지 두려워하지 않게 된다. 그야말로 일석이조다. 실패를 공부하는 건 지나치게 걱정하고 전전긍긍하는 소심한 성격을 극복하는 데도 도움이 된다.

잘 안됐을 때에
대비한다

'실패는 당연하다'에서 시작한다

어떤 일을 하든 실패를 미리 예상하면 사전에 다양한 대책을
세울 수 있다. 그건 우리의 마음도 마찬가지다. '잘 안돼서 우울
해지면 이렇게 해서 기분을 전환하자'라고 미리 각오를 해 두
는 것이다.

　낙천적인 사람은 실패했을 때를 고려하지 않는다. 따라서 실

패했을 때 어떻게 해야 다시 일어설 수 있을지에 대해서도 생각하지 않는다. 쉽게 긴장하고 부담을 갖는 사람은 이를 거울 삼아 '실패는 당연하다'는 의식을 갖는 것이 좋다. 그러면 의기소침해졌을 때 기분 전환하는 방법을 미리 정해 놓을 수 있다.

캐나다 워털루대학교의 임상심리학자 세라 하임펠Sara Heimpel은 안 좋은 일이 있을 때 기분을 어떻게 전환할 것이지 미리 생각해 둘 필요가 있다고 강조했다. 언짢은 일로 침울해지는 상황에 대비하는 것이다. 그러면 실제로 그런 일이 생겨도 감정적으로 보다 잘 견뎌 낼 수 있다.

그의 조사 결과에 따르면 평소에 별로 의기소침해지지 않는 사람과 침울해져도 금세 기운을 차리는 사람의 38퍼센트가 어떻게 하면 기분이 상쾌해지는지 제대로 알고 있다고 한다. 우울한 기분을 회복하는 데 오랜 시간이 걸리는 사람은 단 13퍼센트만이 그런 방법을 가지고 있었다.

주말 스케줄을 정하자

• '일이 잘 안돼서 우울해지면 아로마 향을 맡으면서 목욕을 하자.'

- '제일 좋아하는 노래를 들을 거야.'
- '마음이 답답하면 친구와 수다를 떨어야지.'

이렇게 자기 나름의 기분 전환법을 마련해 두는 것이 좋다. 다시 말해 내 마음을 안정시키고 기분을 조절하는 방법을 파악해 놓는 것이다. 그러면 설령 의기소침해질 일이 있어도 과도하게 신경 쓰지 않게 된다. 어찌 됐든 기분을 회복하는 방법을 알고 있기 때문이다.

안 좋은 일이 있어도 다시 기운 차릴 방법을 알면 그것만으로도 안심할 수 있다. 불쾌한 기분이 영영 지속될 리는 없다고 생각하면 스트레스를 크게 느끼지 않게 된다.

많은 사람을 만나느라 진이 빠져도 주말에는 혼자 느긋하게 낚시하며 기분 전환을 하는 사람은 평일 업무도 덜 고되게 느낀다. 아무리 녹초가 되어도 주말이면 다시 살아날 수 있다는 걸 알기 때문이다.

그러므로 자기 나름의 기분 전환법을 몇 가지 준비해 두자. 인간이 하는 일은 실패의 연속이다. 그럴 때 어떻게 기분을 회복하면 좋을지 정해 두는 건 생각보다 중요하다. 현명한 사람에게는 각자 나름의 방법이 있다. 그런 점이 현명하지 못한 사람과의 작은 차이다.

기분 전환할 줄 모르는 사람은 우울해지는 것을 두려워한다. 불쾌한 기분이 오래 지속되기 때문이다. 실패에 익숙해지기 위해서도 기분을 전환하는 방법을 다양하게 알고 있는 것이 좋다.

'하지 않은 일에 대한 후회'는
'한 일에 대한 후회'보다 크다

후회의 종류

고백은 빠를수록 좋다

심리학에서 말하는 '후회'에는 두 종류가 있다. 무언가 행동을
한 뒤에 생기는 후회와 아무것도 하지 않은 데서 오는 후회다.
둘 다 후회라는 점에서는 동일하지만 '이미 한 일에 대한 후회'
는 '하지 않은 일에 대한 후회'만큼 오래가지 않는다.

예를 들어 좋아하는 사람이 생겼다고 해 보자. 당신은 그 사

람에게 고백할지 말지 망설이고 있다. 만약 그 사람에게 고백했다가 거절당하면 당신은 하지 말 걸 그랬다고 후회할 것이다. 하지만 이런 후회의 감정은 조금 지나면 깨끗이 사라진다. 어떠한 일을 한 뒤에 생긴 후회이기 때문이다.

만일 고백하지 않는다는 선택지를 고르면 어떻게 될까. 고백하지 않았으니 상대에게 거절당할 일도 없겠지만 그 사람과 연인이 될 수도 없다. 후회는 여기서 끝나지 않는다. 여기에 '용기 내서 고백하는 게 좋지 않았을까?' 하는 후회까지 더해진다. 행동하지 않아서 생기는 후회는 긴 여운을 남겨 사람을 괴롭힌다.

어차피 후회할 거라면 행동하는 데서 오는 후회가 좋다. 그편이 좀 더 빨리 기분을 회복할 수 있기 때문이다.

이스라엘 벤구리온대학교의 마이클 바엘리 Michael Bar-Eli는 스포츠 매니지먼트 분야의 저명한 심리학자다. 그는 세계 최고 수준의 골키퍼와 그들이 상대한 300개 이상의 페널티킥을 분석했다. 골을 막은 확률은 골키퍼가 골대 중앙에 있었을 때가 가장 높았다. 한가운데서 움직이지 않고 있었을 때 페널티킥을 막은 확률은 33.3퍼센트였다.

하지만 골키퍼들은 대부분 좌우 어느 쪽으로든 몸을 날리는 경우가 많았다. 실제로 골을 막은 확률은 왼쪽으로 뛰었을 때가 14.2퍼센트, 오른쪽으로 뛰었을 때가 12.6퍼센트였다. 바엘리는 이 통계를 토대로 데이터상으로는 중앙을 지키는 편이 낫다고 골키퍼들에게 조언했다. 하지만 골키퍼들은 하나같이 그렇게는 할 수 없다고 답했다.

망설여진다면 움직여라

골키퍼들은 왜 이 조언을 받아들이지 못했을까. 만약 가만히 서 있기만 하다가 골이 들어가면 두고두고 기분 나쁘리라 생각했기 때문이다. 왼쪽이든 오른쪽이든 어딘가로 몸을 날리면 설령 실패하더라도 후회는 적다.

아무것도 안 하는 것보다는 뭔가 하는 편이 낫다는 심리다. 아무것도 하지 않은 채 실패하는 건 감정적으로 받아들이기 힘든 법이다. 골키퍼들은 아무 행동도 하지 않으면 후회하게 된다는 사실을 경험적으로 알고 있었다. 그래서 한 골 먹혀도 좋으니 어느 쪽으로든 몸을 날리는 것이다.

망설여질 때는 일단 행동으로 옮기는 것이 좋다. '하지 않는

다'를 고르면 결국 오래도록 괴롭기 때문이다. 행동해야 후회
가 남지 않는다는 사실을 알고 있는 것만으로도 무언가를 시도
할 때 겁을 먹지 않게 된다.

말 더듬는 것마저
웅변이 되는 사고법

콤플렉스

극복의 힘은 엄청나다

일본의 인기 헤어 메이크업 아티스트 IKKO는 저서 《세련된 여
성이 되는 법超オンナ磨き》에서 여성은 콤플렉스가 있어야 더 매력
적으로 변할 수 있다고 말했다. 남들이 미인이라고 치켜세우는
사람은 자기 외모에 안주하여 매력을 갈고닦으려 하지 않기 때
문이다.

콤플렉스가 있는 여성은 다른 매력이 있어야 인기를 얻을 수 있다는 걸 알고 있기 때문에 항상 좋은 인상을 주려고 노력한다. 또한 자신이 예쁘지 않다고 생각하기 때문에 매력적으로 보이기 위한 메이크업을 연구한다. 그러는 사이에 미인보다도 훨씬 매력적인 여성으로 변해 간다. 생각해 보면 콤플렉스가 있다는 건 나쁜 일이 아니다.

콤플렉스는 어떤 것이든 하나쯤은 있는 편이 좋다. 극복해 보려는 마음이 생기기 때문이다. 못난 얼굴, 작은 키, 모자란 능력, 나쁜 머리, 약한 마음, 뭐든 좋다. 콤플렉스가 있는 자신을 부끄러워하지 말자.

세계 3대 심리학자로 꼽히는 오스트리아 출신의 정신의학자 알프레드 아들러 Alfred Adler는 인간에게 콤플렉스가 있기에 그것을 보충하려는 욕구를 갖는다고 했다. 그것이 나아가 인간의 행동과 발전을 결정짓는다는 것이다. 아들러는 저서 《삶의 과학》에서 이렇게 말했다. "열등감은 병이 아니다. 오히려 건강하고 정상적인 노력과 성장을 자극한다."

콤플렉스는 병이 아니다. 인간을 성장시키는 에너지원이다.

성공 뒤에 열등감이 있다

고대 그리스의 정치가이자 웅변가인 데모스테네스라는 인물이 있다. 데모스테네스는 웅변가로서 이름을 날렸지만 원래는 말을 더듬는 소년이었다. 말을 잘 못한다는 콤플렉스를 극복하려고 부단히 노력한 것이다.

만일 데모스테네스에게 말을 더듬는다는 콤플렉스가 없었다면 웅변술을 배우려고 하지 않았을 테고, 웅변가로서 대성하지도 못했을 것이다. 결국 데모스테네스는 콤플렉스가 있었기에 성공했다고도 말할 수 있다.

당신은 어떤가. 이런저런 콤플렉스를 안고 살고 있지 않은가. 그렇다면 대단히 감사할 일이다. 이런 내가 싫다는 생각만 되풀이하지 말고 콤플렉스를 자기 발전을 위한 동기로 바꿔 보자. '반드시 ○○가 되겠다'는 의욕을 끌어내는 데 콤플렉스를 이용해 보자. '날 다시 보게 만들겠다'는 분노의 감정이어도 좋다. 그 역시 동기가 되기 때문이다.

안 좋은 상황도
즐길 수 있는 무적의 방법

긍정적 의미 부여

차인 것도 기회다

세상사에 대한 발상을 바꾸고 사물을 보는 시각을 바꾸면 어떤 일이든 심리적으로도 전혀 다르게 받아들이게 된다. 이런 현상을 '프레임 효과'라고 부른다.

'잃었다'가 아니라 '놓았다'고 생각하면 어떨까. '회사에서 잘렸다'가 아니라 '새로운 기회를 손에 넣었다'고 여길 수는 없을까. '그 사람에게 차였다'가 아니라 '새 애인을 사귈 자유가 생겼다'고 생각할 수도 있지 않을까. 이렇게 발상을 긍정적인 방향으로 전환하면 싫은 일도 기꺼이 받아들일 수 있게 될 것이다. 힘을 내려는 의욕도 생긴다.

뭐든 본인이 생각하기 나름이다. 사고방식을 바꾸면 인간은 아무리 힘든 상황이라도 즐길 수 있다. 무거운 철골이나 시멘트 자루를 옮길 때도 힘든 중노동에 시달린다고 생각하는 것이 아니라, 꿈꾸던 건축물을 짓는 데 도움이 된다고 여기면 전혀 다른 마음이 된다.

클리블랜드주립대학교 경영학부의 케네스 더니건 Kenneth Dunegan 교수는 어느 다국적 기업의 직원들을 대상으로 작은 실험을 진행했다. 먼저 128명의 직원들에게 진행 중인 프로젝트가 "5분의 2는 이미 실패"라고 말하자 직원들은 더 이상 프로젝트를 진행하려 하지 않았다. 하지만 반대로 "5분의 3은 이미 성공"이라고 하자 직원들은 힘을 내어 마지막까지 프로젝트를 완수하려는 의욕을 보였다.

'5분의 3은 성공'과 '5분의 2는 실패'라는 말은 확률적으로 동일한 뜻이다. 그러나 거기에 긍정적인 의미를 부여하는가, 부

정적인 의미를 부여하는가에 따라 받아들이는 방식이 달라지는 것이다.

'불가능하다'고 할 것인가, '한정'이라고 할 것인가

선술집이 역에서 꽤 멀리 떨어진 곳에 있다면 일반적으로는 장사에 불리하다고 생각할 것이다. 역 앞에 있는 가게와 비교하면 손님이 많이 찾지 않을 것이기 때문이다. 하지만 입지가 불편하다는 점을 긍정적인 면으로 보고 '숨은 선술집'이라고 홍보하면 어떨까. 혹은 '남들은 잘 모르는 번잡하지 않은 선술집'으로 선전할 수도 있다. 꽤 번창하지 않을까.

'매일 영업은 불가능하다'는 부정적인 요소도 '주말 한정', '계절 한정'이라고 긍정적인 방향으로 생각을 전환할 수 있다. 혼자 운영하는 개인 빵집이어서 빵을 많이 만들지 못하는 상황이라도 '매일 100개 한정 빵집'이라는 식으로 홍보하면 전혀 다른 이미지가 된다. 부정적인 요소도 긍정적으로 받아들이면 얼마든지 좋은 면으로 바꿀 수 있다는 것이다.

역경이 있기에
인생은 흥미롭다

적극적인 사고

비 오는 날도 좋은 날

에도 막부 말기에서 메이지 시대에 걸쳐 활약한 정치가이자 무사였던 야마오카 뎃슈는 "맑아도 좋고 흐려도 좋네. 후지산의 얼굴은 변하지 않으니."라는 말을 했다. 맑은 날의 후지산은 물론 장관이지만, 날이 흐리든 비가 오든 아름답다고 생각하면 아름답게 보이는 법이다.

"뭐야, 구름이 껴서 후지산이 안 보이잖아."

이렇게 불평하고 싶다면 자신의 그릇이 너무 작은 건 아닌지 한번 되돌아보자. 내가 절경이라고 생각하면 흐린 날의 후지산도 얼마든지 아름답게 느낄 수 있다.

디즈니랜드에 놀러 갔는데 비가 많이 온다면 어떨까. 놀기 힘들다며 투덜대는 사람도 있다. 이런 사람은 평소에도 남들에게 비호감이라 여겨질 것이고 출세하기도 힘들 것이다. 비 오는 날의 디즈니랜드도 정취가 있다며 오히려 비가 많이 오는 상황을 기뻐하는 사람이 되자.

역경을 만났을 때도 마찬가지다. 대부분 역경은 피해야 한다고 여기지만, 오히려 역경을 즐길 정도로 강한 정신력을 갖춘 사람이 승리한다. '어려운 게임 같아서 재미있네', '수행하는 것 같아서 즐거워' 하고 마음을 북돋우는 것이 중요하다.

불합리하게 좌천을 당하거나 해외 출장을 가게 되었을 때도 마찬가지다. '지방도 나쁘지 않지'라든가 '모처럼 외국어를 공부할 기회다'라고 기뻐하면 된다.

내가 즐겁다고 생각하면 이미 역경도 그 무엇도 아니다. 천국이자 낙원이며 파라다이스가 된다. 참아야 해, 참아야 해, 라고 생각하기 때문에 고통스러워지는 것이다. 그런 부정적인 상황을 적극적으로 즐기려는 마음이 중요하다.

하드 워커의 사고방식

엔지니어, 과학자, 변호사, 프로그래머, 언론인 등은 일주일에 50시간에서 60시간을 일한다. 엄청난 업무량이다. 어떻게 그들은 그렇게 힘든 일을 견딜 수 있는 걸까.

카네기멜론대학교에서 매니지먼트와 조직 행동을 교육하는 로버트 켈리Robert Kelley 교수는 하드 워커들에 대한 조사를 실시했다. 그 결과, 하드 워커들은 자신의 일이 고되다고 생각하지 않는다는 사실을 알 수 있었다. 어느 분야에서든 선망의 대상이나 스타라고 여겨지는 사람일수록 일을 게임처럼 즐긴다는 것이다.

결국 본인이 즐거워하면 힘든 상황도 얼마든지 즐길 수 있다. 일을 괴롭다고 여길지, 즐겁게 생각할지는 본인이 어떤 의미를 부여하느냐에 달렸다. 즐겁다고 생각하면 어떤 역경에도 기꺼이 맞설 수 있을 것이다.

웃어넘길 줄 아는 자가
모든 것을 얻는다

괴로운 정도가 딱 좋다

브리검영대학교의 리 페리Lee Perry는 저서《공격 전략Offensive Strategy》에서 일본 기업의 강점은 역경에 처했을 때 안도감을 느끼는 문화 정신의 산물이라고 말했다. 일본인은 어째선지 역경을 즐긴다. 뭐든 뜻대로 잘 풀리면 '이렇게 수월해도 되는 걸까?' 걱정하기까지 한다. 오히려 역경에 처했을 때 안도하고 거기서 벗어나고자 노력을 거듭하는 것이 일본인의 정신세계다.

궁지에 몰리면 그 상황을 즐기면 된다. 쉬운 일만 하면 편하긴 하겠지만 의욕은 점점 사라진다. 어려운 일을 의뢰받았을 때 가당찮다고 생각하면서도 의욕을 내서 결국 완성하고 마는 달인처럼 품이 많이 드는 일을 기뻐하면 된다.

역경에 빠지면 그런 상황에 처한 스스로를 웃어넘기자. "졌다, 졌어. 이건 뭐 속수무책이네! 하하!" 하고 웃으면 결국은 어떻게든 되는 법이다.

캘리포니아주립대학교의 심리학 교수 윌리엄 켈리William Kelley는 인간에게 있어 유머가 매우 중요한 요소라고 지적했다. 무슨 일이든 웃어넘기면 심각해지지 않고 걱정을 날려 버릴 수 있다는 것이다. 그는 어떤 상황에서도 '유머를 잊지 않는 것'이야말로 중요하다고 말했다.

스스로를 비웃을 수 있는 사람은 강하다

역경에 처했을 때는 자신의 감정을 텔레비전에서 보듯 실황 중계해 보는 것도 좋다.

'초조해하고 있습니다, 초조해하고 있어요. 엇! 또 시계를 보네요. 과연 제시간에 갈 수 있을 것인가!'

이런 식으로 마음속으로 중계해 보는 것이다. 조금 우습게 느껴질지도 모르지만, 당황하고 있는 자신에 대해 '엄청 초조해하고 있네요.' 하고 마치 남 일인 듯 실황 중계를 하고 있노라면 왠지 즐거운 기분이 든다. '큰일이네, 어떡하지.' 하고 초조해하는 게 아니라 '자, 곤란한 상황인데 뭔가 대책이 있을까요?' 하고 냉정하게 스스로를 바라보면 마음에 여유가 생겨서 묘안이 떠오르기도 한다.

난관에 봉착해도 즐기거나 웃어넘길 줄 안다면, 역경에 굴하지 않는 마음을 손에 넣을 수 있다. 모쪼록 모든 사람이 어려움을 마음껏 즐길 수 있기를 바란다.

익숙함으로
긴장을 단번에 해소한다

학습 효과

일부러 경험해 보는 것도 좋다

인간은 한 번도 경험해 본 적 없는 일에 불안을 느낀다. 하지만 한 번 경험하고 나면 '뭐야, 이런 거였어?' 하며 불안을 깨끗이 떨쳐 낼 수 있다. 그러니 아무것도 생각하지 말고 일단 한 번 경험해 보는 것이 좋다. 이는 어떤 일이든 마찬가지다.

위스콘신대학교의 제인 필리아빈Jane Piliavin은 헌혈을 해 본 경험이 있는 1,846명을 분석하여 처음 헌혈하는 사람은 불안과 긴장을 느낀다는 사실을 증명했다. 헌혈을 해 본 적이 없으니 이에 대해 공포를 느끼는 건 당연하다. 하지만 두세 번 헌혈을 경험한 사람은 그다지 불안해하지 않았다. 필리아빈에 따르면 열여섯 번 이상 헌혈한 사람은 거의 불안을 느끼지 않았다고 한다.

무엇이든 익숙해지면 그리 큰 문제가 되지 않는다. 경험하지 않았기에 벌벌 떨게 되는 것뿐이다. 바퀴벌레를 먹어 보라는 말을 들으면 당신은 기겁할 것이다. 바퀴벌레를 먹어 본 적이 있는 사람은 별로 없을 테니 말이다. 하지만 바퀴벌레를 먹는 나라는 의외로 많다. 단, 우리가 생각하는 바퀴벌레가 아니라 식용으로 사육되는 바퀴벌레일 테지만. 생긴 형태는 비슷하지만 먹어 보면 꽤 맛있다. 한 번도 먹어 보지 않았으니 불안하겠지만 혹시 먹을 기회가 있다면 좋은 경험이 될 것이다. 한 번이라도 경험해 보면 다음부터는 겁먹지 않게 된다.

사람들은 대개 '두렵다 → 그러니까 안 한다'라고 생각하지만 이는 잘못된 사고방식이다. '두렵다 → 그러니까 해 본다'가 정답이다. 두렵다고 피하기만 하면 어떤 일이든 영원히 익숙해질 수 없다.

치과가 두려워지지 않는 방법

두려울 때도 '그러니까 해 본다'는 생각으로 실행하면 조금도 무섭지 않다는 사실을 몸소 배울 수 있다. 그러고 나면 두 번째 부터는 큰 두려움을 느끼지 않게 된다.

치과를 찾은 남성 150명을 관찰한 흥미로운 연구 결과가 있다. 치과에 온 150명 중 대다수에 해당하는 128명은 불안해하는 움직임을 보였다. 침착하지 못한 모습으로 주위를 힐끗힐끗 둘러보거나 팔짱을 끼거나 다리를 계속 바꿔 꼬았다.

하지만 개중에는 불안해하지 않는 환자도 있었다. 어떤 사람이 불안한 감정을 전혀 보이지 않았을까? 그들은 예전부터 그 의사에게 진료를 받아서 치과에 자주 다니고 있는 환자들이었다.

경험한 적이 없으면 무엇이든 두려운 법이다. 그러므로 두려움을 느끼고 싶지 않다면 망설이지 말고 일단 경험해 보는 것이 가장 좋은 방법이다. 몇 차례 연이어 경험하다 보면 두려움은 점점 사라진다.

최대의 난관을
아는 사람은 강해진다

다른 사람과 어울리는 것이 식은 죽 먹기가 된다

장기는 강한 사람과 두라는 말이 있다. 장기의 고수와 겨루면
당연히 이길 수 있을 리가 없다. 하지만 강한 사람과 몇 번씩
승부하다 보면 나도 모르는 사이에 실력이 좋아지고 그보다 약
한 사람에게는 지지 않게 된다.

소심한 사람은 자기가 할 수 있는 일이나 하기 쉬운 일부터

도전하려 한다. 하지만 오히려 반대로 접근해야 한다. 처음부터 가장 어렵다고 생각하는 일에 도전하는 것이다. 가장 힘든 일부터 시작하면 그보다 난이도가 낮은 일은 쉽게 해낼 수 있게 되고, 다른 건 문제없다는 자신감이 생기기 때문이다.

다른 사람과 잘 어울리는 기술을 연마하고 싶다면, 제일 껄끄러운 사람에게 자꾸 말을 걸면 된다. 당연히 원만하게 사귀기는 힘들겠지만 무리해서라도 껄끄러운 사람과 함께하다 보면 다른 사람과 어울리는 것이 훨씬 편해진다.

철학자 소크라테스의 부인인 크산티페는 대단한 악처였다. 그런데도 소크라테스는 부인을 거부하지도, 그녀와 이혼하지도 않고 결혼 생활을 지속했다. 소크라테스는 왜 크산티페와 헤어지지 않았을까. 그만큼 성격이 나쁜 여성과 잘 지낼 수 있으면 다른 사람과는 쉽게 어울릴 수 있다는 이유에서였다.

큰 타격을 입어 본다

어려운 일에서 도망쳐서는 안 된다. 오히려 최대의 난관에 도전해 보자. 예를 들어 수험을 치른다면 현재의 성적은 무시하고 최고의 대학을 목표로 공부하는 것이다. 그러면 그 대학에는 떨어질지 몰라도 다른 대학에 입학하는 건 누워서 떡 먹기 정도의 실력이 생긴다.

프로 골프 선수 타이거 우즈는 승부 근성이 강하기로 유명하다. 그는 어떻게 그런 강인함을 얻을 수 있었을까. 골프 전문 잡지의 편집자이자 저자인 존 안드리사니 John Andrisani의 저서 《타이거 우즈처럼 생각하라 Think Like Tiger》에 따르면 아버지 얼 우즈의 특별 훈련 덕이라고 한다.

타이거의 아버지 얼은 육군 특수부대의 중령 출신이어서 대단히 엄했다. 어렸을 때부터 세상의 냉혹함에 익숙해지라는 것이 그의 가르침이었다. 그래서 얼은 타이거가 어렸을 때부터 일부러 체격이 큰 연상의 플레이어들과 승부하게 했다. 그렇게 해서 위압감과 열등감에 익숙해지게 한 것이다. 어른이 된 타이거가 승부에 강해진 건 어릴 때부터 고난에 익숙해져 왔기 때문이다.

힘든 일에 맞서고 있노라면 두들겨 맞아 뻗어 버릴 듯한 기분이 들지도 모른다. 하지만 바꿔 말하면 거기가 '바닥'이다. 인생의 바닥을 경험하고 나면 다음부터는 얼마든지 견딜 수 있게 된다.

미루기는 인생을
갑갑하게 한다

내키지 않는 일에 먼저 손을 댄다

가장 어려운 일에 도전하고 나면 그다음이 편해지는 원리는 일을 할 때도 적용된다. 몇 가지 업무가 겹칠 때는 가장 힘든 일을 먼저 처리하는 것이다.

- '이건 하기 싫으니까 이따 해야지.'

- '귀찮으니까 일단 놔 두자.'
- '이건 시간이 걸릴 테니 나중에 하면 되겠지.'

대부분은 이렇게 반응할 것이다. 하지만 해야 할 일이 남아 있다고 생각하면 찜찜한 기분이 들기 마련이다. '아아, 슬슬 해야 하는데…… 하기 싫다.' 하는 생각이 머릿속을 떠나지 않는다. 그럴 거면 차라리 먼저 해 버리고 후련해지는 게 낫다.

캐나다 앨버타대학교의 로버트 클라센Robert Klassen은 1,100명이 넘는 사람들을 조사하여 미루는 습관과 업무 성과의 관계에 대해 연구했다. 그 결과, 시간 활용을 잘 못하는 사람일수록 과제를 미루는 경향이 뚜렷함을 알 수 있었다. 클라센에 따르면 과제를 미루는 사람은 자신감도 쉽게 잃는다고 한다. 게다가 그런 사람이 하는 일은 대개 성과가 좋지 않았다.

'어려운 일부터'를 규칙으로

일 잘하는 사람, 자신감 있는 사람, 시간 관리를 잘하는 사람은 모두 어려운 과제를 지체 없이 처리한다. 어려운 과제부터 해

버리면 '이렇게 힘든 일도 척척 처리하는 내가 대견하다'고 생각하게 되고 자신감도 갖게 된다. 일석이조의 습관이다.

여러 사람에게 전화를 걸어야 할 때는 가장 전화하기 싫은 상대에게 먼저 전화를 거는 편이 좋다. 고객을 여러 명 만나야 한다면, 가장 껄끄러운 고객을 오전 중에 만나는 편이 좋다. 그러면 상쾌한 기분으로 오후를 보낼 수 있기 때문이다.

뒤로 미뤄서 도망칠 수 있으면 좋겠지만 그건 그리 쉽게 되지 않는다. 어차피 해야 할 일이라면 빨리 끝내는 것이 상책이다. 쓰기 싫은 리포트나 보고서를 금요일까지 제출해야 한다면 월요일 안에 다 써 두는 게 좋다. 뒤로 미루면 그 주 내내 마음이 무거워지므로 빨리 끝내 두는 것이다. 게다가 월요일 안에 완료해서 제출하면 엄청난 업무 속도에 상사도 감탄할지도 모른다.

도망쳐 다니다가 좋은 결과로 이어지는 경우는 거의 없다. 대개 안 좋은 결과를 낳는다. 그렇게 되지 않도록 '내키지 않는 일부터 처리하기'를 규칙으로 삼는 편이 좋다.

참으면
점점 강해진다

통과의례

어른이 된다는 것

정신적으로 강한 사람이 되고 싶다면 혹독한 고난을 극복하는 경험을 쌓아야 한다. 단순하게 말하자면 한겨울에 바다에 뛰어들어 보는 것도 좋다. 단식을 하거나 철야 훈련을 하는 것도 좋다. 무엇이 되었든 신체적으로 극한의 수행을 해내면 정신 또한 강해진다.

우리가 어른이 되기 위해서 거쳐야 할 절차나 의식을 '통과의례'라고 한다. 인간은 이 통과의례를 거치면서 어른으로서한 꺼풀 벗게 된다. 통과의례는 세계 여러 나라에 다양한 형태로 존재한다. 어른이 되기 위해 번지점프를 하거나 벌에 쏘이거나 폭포를 맞는 등 힘든 시련을 겪음으로써 아이에서 어른으로 성장하는 것이다.

하지만 평화로운 현대 사회에서는 통과의례가 사라지고 말았다. 특별히 혹독한 시련을 겪지 않아도 누구나 성인식을 맞으면 어른이 된다. 이렇게 해서는 정신적으로 강인해질 수 없다. 호된 통과의례를 거치는 것에는 그 나름의 의미가 있는 것이다.

정신력을 단련하는 방법

신입사원이 입사하면 아주 혹독한 훈련을 시키는 곳이 있다. 예를 들면 어느 교육 단체가 실시하는 연수에서는 한겨울에도 속옷 한 장만 걸친 채 강물에 들어가는 훈련을 한다. 일본의 유명 전자기기 제조 회사인 히타치와 파나소닉 등이 이곳에 사원들을 보낸다고 한다.

비상식적이라고 생각하는 사람도 있겠지만 그렇게 부정적인 면만 있는 것은 아니다. 그렇게 호되게 훈련하면 그만큼 정신력을 단련할 수 있기 때문이다. 혹독한 일을 참고 극복한다. 그럼으로써 인간은 성장해 간다.

컬럼비아대학교의 심리학 교수 월터 미셸Walter Mischel은 어릴 때부터 참을성이 많던 아이는 커서도 학교 성적이 좋으며, 사회에서도 유능한 인간이 될 확률이 높다고 말한다. 그는 세계 3대 심리학자이자 대중에게도 잘 알려진 심리실험 중 하나인 '마시멜로 테스트'의 창안자이다.

아이들에게 눈앞의 마시멜로를 15분 동안 먹지 않고 참으면 15분 후 마시멜로 하나를 더 주겠다고 제안하는 내용의 실험이다. 그는 장난감이나 케이크 등 다양한 도구로 실험을 반복해, 아동기의 자제력과 의지력이 성인기에 어떠한 영향을 주는지를 예측할 수 있게 되었다. 그 결과, 유치원생 때 참을성이 많던 아이는 어른이 되어서도 유능해진다는 사실을 밝혀냈다.

정신력을 기르고 싶다면 욕망을 바로 충족시키지 않고 참으려고 하는 노력이 필요하다. 그렇게 하면 일상생활 속에서도 정신력을 기를 수 있다.

먹고 싶어도 참는다든가, 애인을 만나 데이트하고 싶은 기분을 자제한다든가, 뜨거운 욕조에 이를 악물고 들어간다든가. 말하자면 '악착같이 버티는' 습관이 우리의 정신을 점점 강인하게 한다.

현대 사회가 '스트레스 사회'라고 불리게 된 지 오래다. 스트레스가 사회 곳곳에 만연해 숨이 막힌다고 느끼는 사람도 많을 것이다. 현대인은 시간에 쫓겨서 느긋하게 앉아 있지도 못한다. 가끔은 온천에 몸을 담그고 마음 놓고 푹 쉬고 싶어도 목적지에 도착하기까지 교통 체증에 시달리는 바람에 오히려 지쳐버리기도 한다. 경제 상황은 매년 나빠지는 듯하고, 노후도 걱정된다. 하물며 소심하고 내성적인 사람이라면 스트레스의 강도가 더 심할 것이다.

항상 불안이 가시지 않는 것이 현대 사회의 특징이다. 이런 스트레스 속에서 평온하게 지내려면 다양한 방법을 고안해야 한다. 이 책을 통해 긴장을 누그러뜨리면서 유연하게 살아가기 위한 기술들을 소개했는데, 조금이나마 독자 여러분에게 도움이 되었기를 바란다.

쉽게 긴장하는 사람은 빈뇨로 고민한다고 한다. 자주 화장실에 가는 건 긴장하고 있기 때문이다. 대부분의 사람들이 항상 긴장하며 살아가겠지만, 그러면서도 어떻게 하면 조금이나마 시름을 잊을 수 있을지, 조금은 마음을 가볍게 할 수 있을지에 대해 진지하게 써 보고 싶었다. 그것이 이 책을 쓴 동기다.

집필하며 다양한 자료를 조사하는 동안, 긴장이나 불안은 불쾌한 감정이긴 하지만 '우리에게 도움이 되는 감정'이기도 하다는 사실을 알게 되었다. 긴장과 불안이 있기에 그것을 극복하면서 인간은 성장하고, 사회와 문명도 진보한다. 그렇게 여기면 부정적인 감정도 그리 나쁘지만은 않다고 나 역시 다시 생각하는 계기가 되었다.

우리는 부처가 아니므로 깨달음을 얻어 모든 번뇌에서 해방되지는 못한다. 우리가 할 수 있는 건 긴장되거나 불안해도 적당히 지나가게 내버려 두거나, 얼버무리거나, 사이좋게 함께하는 정도가 아닐까. 그렇게 하면서 그럭저럭 살아야 하는 것이 인생이 아닐까.

도쿠가와 이에야스는 '인생이란 무거운 짐을 지고 먼 길을 가는 것과 같다'라는 말을 남겼다. 우리 인생은 괴로운 일의 연속이다. 이 책의 기술을 이용하여 부디 세상을 끝까지 유연하게 살아갔으면 한다.

마지막으로 독자 여러분에게 정말 감사하다고 인사를 올리고 싶다.

감사합니다. 모두 스트레스에 시달리며 지내겠지만 어떻게든 힘을 내어 살아갑시다. 어딘가에서 다시 만날 날을 고대하며 펜을 놓습니다.

옮긴이 강수연

이화여대 신문방송학과를 졸업한 뒤 십여 년간 뉴스를 취재하고 편집했다. 현재 도쿄에
거주하고 있으며, 바른번역 소속 번역가로 원작의 결을 살려 옮기는 번역 작업에 정성을
다하고 있다. 《가르치는 힘》《괜찮아 다 잘되고 있으니까》《좋아하는 일만 하며 재미있게
살 순 없을까?》《힘 있게 살고 후회 없이 떠난다》《아이 셋 워킹맘의 간결한 살림법》《최
강의 야채 수프》《편해지는 연습을 해요》 등을 기획, 번역했다.

소심해도 잘나가는 사람들의 비밀

1판 1쇄 인쇄 2019년 3월 14일
1판 1쇄 발행 2019년 3월 21일

지은이 나이토 요시히토
옮긴이 강수연

발행인 양원석
본부장 김순미
편집장 김건희
책임편집 지소연
디자인 RHK 디자인팀 마가림, 김미선
제작 문태일, 안성현
영업마케팅 최창규, 김용환, 정주호, 양정길, 이은혜, 신우섭,
            조아라, 김유정, 유가형, 임도진, 정문희, 신예은

펴낸 곳 ㈜알에이치코리아
주소 서울시 금천구 가산디지털2로 53, 20층 (가산동, 한라시그마밸리)
편집문의 02-6443-8879   구입문의 02-6443-8838
홈페이지 http://rhk.co.kr
등록 2004년 1월 15일 제2-3726호

ISBN 978-89-255-6564-4 (03180)

※ 이 책은 ㈜알에이치코리아가 저작권자와의 계약에 따라 발행한 것이므로
    본사의 서면 허락 없이는 어떠한 형태나 수단으로도 이 책의 내용을 이용하지 못합니다.

※ 잘못된 책은 구입하신 서점에서 바꾸어 드립니다.

※ 책값은 뒤표지에 있습니다.